AQUARIUS

AQUARIUS

AQUARIUS

AQUARIUS

Catcher

一如《麥田捕手》的主角，
我們站在危險的崖邊，
抓住每一個跑向懸崖的孩子。
Catcher，是對孩子的一生守護。

師道

李枝桃校長

目錄

師道

縣長把證書頒給我時，
是我的錯覺嗎？我看到他的手似乎有些顫抖，
不是該說恭喜嗎？但縣長只低沉的說了句：「把活力帶進那所學校。」

冒險旅程的開始

在校長的工作上服務多年，心裡始終無法忘記的，卻是第一次從縣長手上接過證書的那一幕。

該是歡歡喜喜、充滿期待的，但卻是烏雲罩頂，山雨欲來的陰晦。

那是南投縣政府舉辦的共同交接典禮，由縣長親自頒發證書給新任校長，那可是我教職生涯的新起點。當司儀喊到我時，我輕鬆愉快的向前，站在縣長面前，給了他一個微笑。

可面前的縣長稍稍垂著眼眉、一臉愧疚。

把證書頒給我時，是我的錯覺嗎？我看到他的手似乎有些顫抖，不是該說恭喜嗎？但縣長只低沉的說了句：「把活力帶進那所學校。」

我微笑的接過，但一轉身，就看到教育局長一臉凝重看著我，台下的人也都直愣愣的盯著我。

我趕緊收起笑容。心想，這些人是怎麼了？

一回座位，到場觀禮的好友雲，立刻咬牙低聲說：「你知道嗎？剛剛台下的人都在竊竊私語，還有人說：『要看看李枝桃去那所學校會怎麼死！』」

雲握著我的手，緊緊捏著。

力道之強，我知道她真的為我憂心。

「分發」，跌破眾人眼鏡

這個分發結果的確是有些不符合潛規則。

通常菜鳥校長都是往偏遠處分發，因為偏鄉小學校，人少好管理，等到磨練個幾年，再往都會區的大學校調動。

所以我一考上校長，等待分發，身邊的親朋好友就紛紛勸我該買一部四輪傳動的越野車。我這菜鳥不是要到最遠的信義鄉同富國中，就是接近清境農場的仁愛國中，還有人要我有心理準備，也有可能是日月潭邊的明潭國中。山路崎嶇，當然越野車最好。

其實我不怕遠，更不怕偏僻。在各種揣測中，我倒是最希望被安插在明潭國中，那是要經常接待貴賓的學校，很適合我的個性。

尤其風光明媚，我告訴學校的好姊妹，若在那湖光山色美不勝收的學校。「你們隨時來，我都會招待你們去划船。」

我甚至開始想像在氤氳水氣的湖邊散步，迎接學生進入學校，叫喚著每個孩子的名字，與他們問早的情形，孩子一定很興奮的說：「校長叫得出我的名字耶！」是呀！在那只有四十幾名學生的學校，我當然叫得出每一個孩子的名字。

另外，我特討厭制式的傳統制服，所以我一定要設計一套活潑有型的制服，讓我的孩子們一站出去就讓人家誇讚：「受日月潭美景薰陶，果然孩子特別美。」

朋友笑我想太多，「你要改制服，家長要花錢，會被抗議的。」

我笑著說：「才四十幾人，我就送吧！」想想我在外頭可以大聲說：「我送給全校每一個孩子一套制服，多嚇人呀！哈哈！」

我對小學校的美夢與規劃都讓我滿意極了。剛退休的教育局長是我國中時的校長，他也覺得我會被分發到明潭國中，還說屆時要來找我遊湖。

我拍胸脯，保證沒問題。

你不知道你妹妹的能力！

美夢才沒多久，在縣府擔任課長的大姊在名單公布前得到了消息。她說教育局呈上的校長分發名單，被縣長大筆一揮更改，批示我要到宏仁國中。大姊一聽是宏仁國中，心急如焚，立刻去拜託縣長，讓我帶六班的小學校。她說：「李枝桃初任校長，怎好到中型學校？何況大家都知道那所學校狀況不斷，不好帶呀！」

沒想到，縣長劈頭就回絕了：「你不知道你妹妹的能力！」

我所有山巔湖邊的美好規劃都破滅了，第一時間，當然有點失落，但是縣長的這句話喚起我的虛榮心。

我安慰姊姊，「士兵沒有選擇戰場的權利。既然要當校長，就不要選學校。」

大姊沒再說話，但嘆氣個不停。

就像此刻我身邊的雲一般。

「哎呀！別為我擔憂。」我告訴雲：「縣長頒給我的聘書就像一張藏寶圖，我準備出發去挖寶，挖寶的路途必然艱辛。有可能我可以滿載而歸，也有可能歷經艱險坎坷卻鎩羽而歸，但不管如何，我必然可以學到經驗，幫助我在下一趟旅程中順利挖到寶。」

「你是天不怕地不怕？還是無可救藥的樂觀？」雲笑我。

不管是天不怕地不怕，或是無可救藥的樂觀，更或是一份受縣長誇讚的虛榮心，我都要出發，來一趟冒險之旅。

我想到《失落的一角》那本繪本中，缺了一角的圓要出發去尋找失落的一角時歌唱著：「我要去找失落的一角。」我也要歌唱著：「我要去冒險囉！」

我看著不輕易求人的父親，一向反對我進入教育界的父親，
他應氣憤的說：「走，回去了。當這啥玩意兒的校長，笑死人了。」
但，父親的反應，完全出乎我意料。

充滿肅殺的交接典禮

「校長，我們還要等下去嗎？」前教育局長陳文彥先生是我國中的校長，我一直稱他為校長，他說他喜歡我這麼稱呼。

他鐵青著臉，不講話。瘦高的身軀站得筆直，汗水一直從他的鬢邊冒出來。

我看得心疼，但我知道他是個固執的長者，他一定會堅持下去，所以我只能繼續與他站在宏仁國中的停車場。

學不來的「庫謝」

之前邀請他陪我就任，參加我的就職典禮，他便叮嚀我不可以早到，不要讓人說我迫不及待要當校長。

「而且呀！你是新校長，不要自己走進會場，要讓他們迎接你進去。」

昨天，他還一再叮嚀我，要有校長的「庫謝」（氣勢）。他在說那些話時，還握緊拳頭，嘴角上揚，眼鏡下的眼睛瞪大了看我，只有一百五十二公分高的我，也只好很用力的挺直背脊，很努力的擺出「庫謝」。

可是，此刻，我和他站在校門口，沒人理我們，整座校園冷冷清清的。

八月的陽光把我的臉照得油光油光的。我多想跟他說，再站下去，不要說「庫謝」沒了，人都要暈倒了呀！

「校長，我們還要等下去嗎？」我小聲的再問一次。

他轉身沒好氣的說：「注意『庫謝』。」

過了好一會兒，終於有一個人小跑步過來，問我是不是新任校長。

我點點頭，並介紹我的校長：「這是前任教育局長。」

陳局長回應他的問好，並問了一句：「你是主任嗎？」

他搖頭，說：「是生教組長。」

我的校長從鼻子輕哼了一聲。

我知道他一定覺得來迎接的人層級太低，非常不滿意，但我只想避開豔陽，趕快到會場，所以根本不在乎誰來引導或迎接。

我想，我真的是學不來「庫謝」。

兩軍交鋒

一開會場的門，一陣寒氣迎面撲來。哇塞！好肅殺的氣氛呀！我的娘家、夫家兄弟姊妹及同事朋友們坐在一邊，另一邊是對方的人。兩邊都以凝重的表情，或看著地上，或無意識的看著前方。

我們一進入會場，大家鼓掌後才有一些些聲響，但那「嘶嘶嘶」的低語聲，反倒是讓人很不舒服的。

我心想：又不是兩軍交鋒，有需要這麼凝重嗎？

司儀介紹我後，請我幫忙介紹我這邊的親友。我大致把家人及朋友介紹一下，然後告訴大家：「我沒有請高官、民代，我只想與我的至親好友，一起分享這個重要的時刻，但今天最讓我感動的是我服務的學校『中興國中』，歷任校長幾乎都來參加，除了過世的兩位、車禍的一位……」

我說到這裡，突然衝進來一個人，上氣不接下氣的高喊著：「沒來的不是死了，就是車禍，還好我趕到了，好險呀！」

原來是第五任校長陳健鏘校長。他的話讓大家笑了開來，會場的氣氛終於輕鬆了一些。

我輕呼了一口氣。謝謝校長。

教室的玻璃都被打破了

中午宏仁的會長堅持要請客，歡迎大家到埔里玩。吃飯時分，中興的老同事對我擠眉弄眼。我拿著果汁過去敬他們，主計主任麗玲低語：「我提早來替你打探虛實。這學校不好搞，四個主任都是『老』主任，一個比一個老呀！」

我笑麗玲窮緊張，「老臣才忠心呀！」

「可是我也先來幫你巡視一下校園，我覺得你會很辛苦。」跟著我多年的生教組長達祥憂心的提到，他看到許多教室的玻璃被打破了。

「那麼多破玻璃代表學生很壞，沒處理，代表行政不積極。」他充分發揮在訓導處工作追根究柢及分析的精神。

「那好，我才有事做。你忘了，中興國中也是在我們手中改變的。當初，誰料得到中興能從谷底翻身，變成明星學校？」

我一說完，他雖點了點頭，不再說下去，但看得出來他很為我擔憂。

「哎呀！我們阿桃沒問題的啦！又不是沒見過大風大浪。」麗玲試圖緩和氣氛，整桌的人配合著附和，但看得出大家都在為我擔憂。

唉！我的好夥伴。

我強忍哽咽

逐桌敬過後，來到父母親及大姊那桌。大姊一張臭臉提到她陪爸媽提早到校，發現學校冷冷清清，既沒指示牌，也沒接待人員。辦公室的人，頭低著看電腦，對外面走動的人毫不以為意。

在縣府擔任課長的大姊直接走到主計室，主計主任見到大姊有些驚嚇：「課長，你怎麼來了？」

大姊一股氣湧上來：「你們新校長是我妹妹，要不是我爸媽要來，我才不來呢！這是你們新校長的爸媽，看要讓他們坐哪裡，可以安排一下嗎？」原本就有一雙能懾人大眼的大姊，在說早上的情形時，眼睛更大了。

我知道她一方面覺得爸媽受到委屈，另一方面，氣憤我要接的新學校如此不堪，可能有諸多不捨吧！

我還愣住，不曉得該如何安慰她。

父親站了起來，把果汁倒滿一整杯。「走，陪你去敬大家。」

父親開始一桌桌的敬，一桌桌的請託。「小女第一回當校長，往後如果有做不好之處，請多擔待。」

我跟在父親身後，看著這個一向高傲、不輕易求人的父親，一向反對我進入教育界的父親，他應氣憤的說：「走，回去了。當這啥玩意兒的校長，笑死人了。」

但，這個從不輕易表現情感的父親，竟為了我向別人鞠躬作揖，竟為了我一桌桌的請託。

我強忍哽咽。

「我親愛的爸爸呀！」我在心裡呼喊：我不會讓你失望的。

擔任校長第一天，教務主任對我說：「等一下家長會來找你蓋章。你一定要留住他的小孩，那是我們第一名的學生，有可能是我們第一個考上第一志願的學生。」

我沒留住。

生氣不如爭氣

我的校長陳局長交代我第一天上班，千萬不要遲到，但也不要太早到，因為是暑假期間，所以我在家蘑菇到七點才出門。五十五公里路，五十分鐘到達，進到辦公室七點五十五分。賓果，我掌握得恰恰好。

工友大姊文環進來幫忙抹桌椅，我說了句：「校園好寧靜喔！」她頭也不抬，輕輕回答：「暑假嘛！」

我想我問了個白癡問題，看她忙進忙出，我便閉嘴，開始把一些東西收拾到辦公桌抽屜裡。

八點加兩點，是十點

八點三十分、九點整，學校裡靜得聽得到我的心跳聲。我旁邊的教務處沒人、前面的輔導室沒人。我開始懷疑今天是否學校放假。

「今天學校放假嗎？」

人事主任聽到我的問話，抬起頭，以很和緩的語調回我：「暑假嘛！大家會晚一點點到啦！」

「大概多晚呢？」

「十點一定會到啦！」

我心裡終於瞭了，晚一點點，他用了兩點來暗示我，八點加兩點就是十點。

「他們都住附近，請通知他們，我九點半開主管會報。」說完，我頭也不回的上樓回辦公室。

不到九點半，主任全到齊了，還滿有效率的嘛！

四個主任，各自盤算

一個個報告完處室工作。我詢問總務主任破玻璃的事，並希望他趕快找人修補。

身材修長，舉止優雅，儼然是紳士的總務主任，說起話來也是不疾不徐的：「校長，你可能不了解小學校不比大學校經費多。在成本考量上，我選擇開學前再修補。反正開學前，一定會再破。如果沒有把學生管教好，生活教育差，公物破壞的情況是不會改善的。」

他一說完，像退役軍人坐得挺直，說話聲音亮如洪鐘的訓導主任，馬上接話：「生活教育是要靠所有老師努力的。我們平日努力處理學生打架、抽菸等等的違規事項，就忙不過來了。輔導工作恐怕得輔導室多盡力吧！」

輔導主任是唯一的女主管，她輕撥一下髮絲，很溫柔的把球接下來：「我真的很想幫忙，但二十幾班的學校只配備一名主任，我沒助手，做不了太多事，恐怕這問題還是得從教務著手，不要整天考試，多安排有趣的課程才是。」

一直晾在一旁，眼睛微閉，儼然老僧入定的教務主任張大了眼，不過語氣還是超穩、超平的：「學校沒有好成績，就吸引不到成績好的學生。沒有好學生，訓導處一定忙，輔導室也不會好過，總務處更別提了。」

教務主任完全不看任何人，眼睛直視前方，一字一句的說著他辛苦的招生歷程。

排成ㄇ字形的沙發椅，我坐在正中間，兩位坐我右方，兩位坐我左方。四個人面對面，卻可以避開對方視線，或手放胸前交叉，或蹺腿斜坐，或雙手放雙腿。

我的腦海裡突然浮現歷史劇裡，上早朝時，站在兩側，公忠體國，卻各自盤算的老臣畫面。

先誇讚，再建議

其實他們說的都是實情，也可能是我們遇到事情的一種反應。

「哎呀！你們真是太有智慧了，都有抓到事情的『眉角』，既然大家都知道我們的問題在哪裡，以後就不要再從問題的根源說起，我們只要談處理的辦法就好。」

說到這裡，我看向總務主任：「主任，謝謝你為學校經費設想，但我不希望為節省一兩千元，卻壞了學校名聲，或造成危險。我看您是非常有美感的人，您一定也不希望學校破破爛爛吧！」

我再看向六十歲的訓導主任：「主任，聽說是您讓學校逐步穩定中，我向您致敬。我也當過七年訓導主任。我們一起努力吧！」

我轉身向輔導主任：「一個人的確能做的事有限，但專業的力量是不容小覷的。」最後，我轉身看向教務主任：「在兩大校旁邊求生存真的不容易。您是學校同仁最敬重的人之一，應是其來有自。」

我抓住了他們的優點來誇讚。他們臉上的線條稍稍柔和下來，也開始說起學校因應及面對大校壓力之道。

這四名老臣果真是宏中的忠臣呀！其實他們都有一套方法的。

教務主任嗆聲

過了早上主管會報的第一關，我還頗自得自己處理得不錯，沒想到下午就出現了一場風暴。

下午一名家長來辦理轉學，在教務處與主任愈談聲量愈大。

不一會兒，教務主任跑過來，平日慢條斯理、超穩重的聲音變急促了：「等一下那個家長會過來找你蓋章。校長，你一定要留住他的小孩，那是我們第一名的學生，有可能是我們未來第一個考上第一志願的學生。」

家長被帶到我的辦公室。他氣著說要辦轉學，竟還要受到教務處刁難。

「難道我必須去找議員來關說，你們才肯放人嗎？」

我請他息怒，並與他懇談。希望他把孩子留下來，與我們奮戰。

「校長，光靠你認真、努力沒有用啦！這學校的團隊就是不行啦！」家長劈哩啪啦訴說著學校的不好。

我嘆口氣：「我不會勉強你留下來，但兩年後，我會讓你後悔沒與我們一起奮戰。」

「我以為你很有能力。」主任知道我蓋下了章，氣憤、失望之餘，不屑的說了這句話。

我忍下憤怒，抬頭，輕輕告訴他：「如果往後希望我幫忙留住學生，你得告訴我，學校有哪些優點可以留人；你得告訴我，我可以作戰的武器是什麼。」

他沒再說話，一張老臉難掩失望與傷心。

我嘆口氣，並安慰他：「不要再求人家了。我們一定要認真，讓轉出去，瞧不起我們的人後悔。」

是的，與其生氣不如爭氣。我要爭一口氣，把每一個孩子都帶起來；我要爭一口氣，讓家長看到宏中孩子的轉變；我還要爭一口氣，讓大家看到宏中老師的認真、奉獻與團結。

我會讓他後悔的。

老師的名字

究竟是什麼原因，讓音樂老師拖著癌末的病體來找我？音樂老師才開始述說，他一旁的夫人便開始掉淚。聽到後來，我也淚流滿面。

「校長，學校的音樂老師高老師來見您。」總務處打對講機告訴我，學校唯一的音樂老師要來找我。

我曾經在全縣音樂比賽中看過他，是個英挺，看起來很受學生歡迎的老師。我泡了杯茶等他，但過了十分鐘，卻沒見到他上來。

我心想高老師可能是從家裡出發，總務處太早通知我了，所以想到樓下人事室了解一些問題，但等我一走出辦公室要下樓，剎時整個人嚇住了。

癌末老師的請託

我看到一個瘦骨嶙峋的人，病懨懨的羸弱身軀，靠著一支拐杖費力的上樓。抓拐杖的手，及另一隻扶欄杆的手一直顫抖，走一步，就得休息，喘個半天。旁邊一位女人該是他的夫人，在他左後方扶著，深恐他摔下來。

高老師費了一番力氣上樓來，坐定後，猶喘息個不停。

他稍事休息後，說起他已是肝癌末期，生命無幾，所以一定要來見我。

「高老師，您不該上來的。我去您家探望就好了。」

他聽到我這麼說，搖了搖頭：「校長，我一定要親自來請託您，幫我完成心願。」才說完這句話，他又喘又咳的。

他的夫人既擔心又生氣地說：「你這是讓新校長為難嘛！」

他望向我，一雙含淚的眼，殷切、擔憂地望著我。

究竟是什麼希望，讓他得拖著病體來找我？雖然不知道能否幫他達成，我還是堅定地鼓勵他說出來。

他開始說，一旁的夫人便開始掉淚，聽到後來，我也淚流滿面。

這是一個什麼樣的老師呀！宏仁國中何其有幸有這樣的老師呀！

涙流滿面的承諾

原來他訴說的第一心願，是希望我幫忙把學校帶起來：「老師都很優秀，也都很善良，只是需要有人來帶領。校長，我很早就認識您，我肯定您有這個能力。您一定是宏中很重要的貴人。」

我客氣的說我只能盡力，他懇切地望向我：「您一定要整合，把宏中帶起來。」

他的第二點希望是要成立管樂隊。他希望藉著音樂來變化孩子的氣質。

他提到已向埔里國中募集到一些淘汰的樂器，原想自己籌組管樂團的，無奈病魔即將奪走他的生命。

「我這生前最後的一個心願，可能要拜託您來幫我達成了。」

我沒有立即答應，因為我思索著管樂團要樂器、要師資，要好多錢呀。我有能力達成嗎？

他的夫人見我沒回話，打圓場的說：「校長，我跟他說過，這不能強人所難。一個樂團要花很多錢的。您不用答應，沒關係。」

高老師看看我，然後頭便低垂下來，難掩他的失望、難過。

這一個病危的老師不是為自己要求，不是為自己的家人要求而來。撐著病痛，一步是一陣痛楚的上樓來，為的竟然是學校及學生。

我回想他在合唱比賽指揮時的俊俏身影，與現在忍受病魔折磨，身體不停顫抖的模樣。

我深呼吸一口氣，用力地說：「我—答—應。」

這個老人頭抬了起來，矍鑠的雙眼看著我，淚水順著他的臉頰掉落。

他顫抖、費力的站起來要與我握手。

我緊緊握著他的手：「你放心，我會組一團不一樣的管樂團。我會的。」

宏中蛻變的開始

兩天後，高老師過世了，我們在學校禮堂幫他辦了一場追思音樂會。

我在音樂會中提到高老師過世前來找我的事，我看到全場動容。有人不停拭淚，有人低頭哀戚、啜泣，也有人強忍哀傷，不讓眼淚掉下來。

最後，我斜轉身，對著高老師的遺像說：「我與你不熟，但我卻永遠忘不了你，你的身影不只會留在我心裡，還會永遠留在大家的心裡。你的名字高任勇或許會被忘記，但大家將忘不了你真實的名字。

你的名字叫『老師』。」

當我說完最後一句話時，全場響起掌聲。

高太太站起來謝謝我，並與我擁抱。

我看到宏中的同事，他們看著我的眼神開始改變了，但更重要的是：他們開始在深思一些事情了。

祕書告訴我，某民意代表會來學校推銷洗碗精。
沒想到，民代真來了：「李校長，我也不為難你了。
你是第一任校長，比較不能掌握校務，我看你就買個兩萬元好了。」

與民意代表過招

「校長，他真的要來了喔！」午餐祕書跑來找我，有一種猜中的洋洋得意，但也揉雜著些微的惶恐。

我對他比一個讚的手勢，並請他趕快去準備。

前幾天，午餐祕書便提過，縣內有某一名民意代表，會來學校推銷洗碗精。

「他的洗碗精根本就沒辦法把碗盤洗乾淨，而且又貴。」午餐祕書說去年的洗碗精都還堆在倉庫裡呢！

我說：「既然又貴又不好用，為什麼還要買？」

年紀比我大多了的午餐祕書，露出了一抹詭異的笑容。

他用輕得可以的聲音問我：「校長，你真的不知道？還是故意問我？」

我從他的眼角餘光中，看到一絲質疑、不安？還帶點輕蔑？

他看我盯著他瞧，終於收起笑容：「當然是怕得罪議員，害校長到議會備詢時被修理呀！」

我用我明白了的表情，以短暫的靜默，故意表現出我在沉思的模樣，其實是在掩飾自己的窘狀。我真是白癡呀！

七萬元的支票

「我們買來用的洗碗精還剩多少？需不需要買？用過的瓶子還在不在？」

王祕書聽到我一連串的問話，露出狐疑的表情，但他還是仔細回答說：「快開學了，最近才新買一批呢！至於舊瓶子倒是還沒回收，多得很呢！」

我要他把舊瓶子堆在新買的洗碗精後面，層層堆疊，製造出堆積如山的洗碗精的假象。若當真那議員來了，我自然可以如此如此這般這般的應付。祕書聽了忍不住笑了出來。

沒想到，才說完幾天，現在他真的來了。

他在我辦公室ㄇ字形沙發正中間坐下。我倒茶，並與他寒暄，他先是客氣的問我學校有沒有什麼需要，再閒聊的問一些學校招生情況，又聊到學校的既往……

我的耐性到極限，直接問了：「哇，我來這裡當校長，您就來關心我，真讓我感動呀！可是不知道議員今天來是有什麼指教？」

他也鬆了口氣，直接挑明要學校買洗碗精。

我馬上露出一副為難的表情：「議員，您也知道小學校經費有限，可能有困難。」

我才說到有困難，他便從皮夾中拿出一張支票給我看，是某校開出來七萬元的支票。

「李校長，我也不為難你了。你是第一任校長，比較不能掌握校務。我看你就買個兩萬元好了。」

完美的演出

我一聽，又露出一個更為難的表情：「議員，您真體貼，我怎麼都遇到體貼的人呢！我們家長會長也好體貼喔！他知道快開學了，開始提供營養午餐就要用到的大量的洗碗精，所以捐贈了一整年，用都用不完的洗碗精。如果我再買，不要說主計不會同意，恐怕我們會長來學校協助驗菜或午餐等其他業務時看到了，我們不好交代。」

說到這裡，我露出了完全沒辦法的表情，然後，我起身拿起電話，按了午餐祕書的分機，告訴他，議員在我這裡，請他過來一趟。

午餐祕書來了後，裝作一副詫異的表情：「一接到議員的電話，我就在午餐室等，沒想到，您在校長室了。」

我把剛剛對議員說的話又演練一遍、說了一回，祕書也配合演出：「是呀！會長叫人送來那麼多的洗碗精，我也嚇一大跳。我說洗一年都洗不完，會長還說他的小孩在這裡讀書的期間，不管他有沒有當會長，他都會供應。」

哇塞！薑是老的辣，午餐祕書更狠，把未來幾年都打點到了。

「議員，我請午餐祕書陪您到倉庫看看，您就知道有多少洗碗精囉！」

午餐祕書立即起身，做出「請」的動作。

議員臉色奇差的起身，說了句：「不用了，還有行程。」

「那，王祕書，請幫我送議員。」

議員再一句：「不用了。」然後拂袖而去。

等看到議員完全走出校門後，王祕書對我豎起大拇指，比了個讚，但也憂心的說：「校長，你恐怕得防著些，怕議員不好惹呀！」

其實，有私心的人都不好惹，又豈僅是議員呢！但我堅信一點：

無—欲—則—剛—呀！

一天，一個人把我攔下，他不懷好意的說：

「主任，你真秋（囂張）喔！小心啊！

你女兒讀哪個幼稚園、走哪條路，我們都知道喔！」

你見識過小辣椒嗎？

從他一進到我的辦公室，我就可以感受到四周的空氣似乎變了。

我眼前是一個短小精幹的男人，雙眼微凸，臉色黝黑。從他走進來表現的神色，似是有備而來，而且是勢在必得。

警衛室通報說家長來找，我只認為是尋常的家長，但我看到同仁從我辦公室走過，見到他都有些慌張的快速低頭走過，我感覺有異，因此請他坐下。

藉口說要請工友準備茶水，我走到隔壁文環姊的位置，詢問這個人的來歷。

「他就是那個無理的家長啊！」文環姊一說明，我就清楚了，心想這個人真是貪得無厭呀！

回到辦公室，我故意裝作不知曉的請教他有何指教。

他斜眼得意的問我：「你是新校長，可能不知道我吧？」

「你是埔里的大人物，人人都認識你嗎？那我不認識，還真是失敬失敬了。」

他收起皮笑肉不笑的態度，開始訴說與我校老師的事。

狠敲竹槓的家長

在暑假期間，我就聽聞這件事。

聽說這名家長的家庭有狀況，孩子在校期間便有一些奇怪的言語。導師帶著他到輔諮中心接受輔導，還在輔導老師建議下，與家長一起帶著孩子就醫。醫生診斷疑似躁鬱症。

五月的一個假日，這名孩子的父親與祖母為了家事大吵一架，這孩子怒吼：「不要再吵了。」還抓狂到拿棍棒打破玻璃。

這一天，這個孩子上吊自殺了。

因為這孩子家境不好，生前導師對他照顧有加。他過世後，導師心疼又傷心，因此與學校老師發動樂捐，協助喪葬事宜。

但沒想到，這名家長在孩子聯絡簿上看到孩子寫到他撿了同學的筆，還給同學時，「好像被誤會了。」導師在聯絡簿上勸他別胡思亂想，因為同學很感謝他，沒人懷疑他。

這麼一小段對話，居然被家長拿來大做文章、敲竹槓，還到處投訴。

調查單位看到老師與學生輔導的資料，都感動於這名老師的用心，不理會這家長的投訴，但這名導師付出了愛，卻收到這樣的傷害，痛苦得無以復加。

「校長，你剛到這所學校，你一定不希望有醜聞。如果你給我五十萬，我就不會找媒體。」他乜斜著眼看我，真讓人厭惡呀！

我怒視著他：「去找吧！找愈多愈好，我一起參加你的記者會。」

他瞪大了眼看我。

我想他一定很詫異。我居然沒求他，還鼓勵他多找一些媒體。

我繼續說下去：「你繼續跟記者說這些無中生有的事，我把你敲竹槓、對孩子不聞不問，未盡管教、關懷責任的事攤開來，讓大家評評理。孩子過世時，學校老師捐了十幾萬元，那是喪葬慰問金，那是師生情緣的真情付出。你真以為老師的錢好敲？是嗎？」

我愈說愈激動，他的臉一直漲紅。

我又再繼續：「你想找媒體是不是？來，我有媒體的電話，要不要給你？我們在媒體前面說個清楚、講個明白，讓埔里人知道是你讓埔里人丟臉。因為你，外界以為埔里人不講理；因為你，讓多少努力認真的老師心寒。」

從小我就參加演講比賽，所以我流利快速且犀利的指責，讓他無法招架。

他憤怒的站了起來，丟下一句：「我們走著瞧！」然後離開我的辦公室。

老師，我挺你

他走了後，旁邊教務處同仁，及隔壁影印室工友文環姊都過來跟我鼓掌、叫好。

「校長，X老師知道這家長又來，她又難過得在辦公室痛哭。」文環姊憂心的告訴我。

我請文環姊去幫我買了個蛋糕，送給X老師，並在卡片上寫下我對她的支持及鼓勵：

「老師是個犧牲奉獻，會經常難過、受傷的工作，卻是個會上癮的工作。我們在難過、受傷中繼續享受犧牲奉獻，因為我們可以在孩子的笑臉中，在孩子一句謝謝中，找到力量。」

同仁問我為何我敢這麼兇。

我說沒做壞事、光明正大，就可以大無畏。

勇敢回嗆黑道

我笑著說起以前擔任訓導主任時的事。一九九〇年代，台灣校園裡毒品氾濫，當時年紀輕輕的我擔任訓導主任，有著一股傻勁與執著。我一心要把毒品趕出校園，獲得家長會長李朝權的大力幫忙及中興警察分局的協助。

家長會提供經費，購買了許多驗尿劑。假日後對學生驗尿，只要發現到異常，我一定會努力地追查來源，然後交由中興警察分局去抓人，由於抓到了毒販，因此外面盛傳不要賣毒品給我校的學生，以免被抓。

我積極的作為有了成效，但也招來危險。

一天，放學後，一個人把我給攔下，他不懷好意的說：「主任，你真秋（囂張）喔！小心啊！你女兒讀哪個幼稚園、走哪條路，我們都知道喔！」

我又氣又怕，但仍忍住，笑咪咪的說：「你怎麼那麼會調查呀！可惜你沒調查到我先生在哪個分局上班。如果他知道他的寶貝女兒受到威脅，他一定會很生氣的。」

那人一聽馬上換個臉色，笑著說：「你尪在做警察呀！」

我笑著點頭：「中興分局黃振煥分局長是他學長，刑事組長陳俊星是他學弟。」

他一聽，臉色變得更好：「主任，我是好心告訴你要注意啦。」

我笑著回他一句：「感恩喔！」

可能是憨膽勇敢面對校外惡勢力的威脅、恐嚇，所以別人給我取了一個封號「小辣椒」。

「小小一粒辣椒，就可以辣死你。」有人這麼形容我。

同仁聽了哈哈大笑，他們開始傳說我的兇悍退敵（哈哈，形容得很好笑），也加上那句：「小小一粒辣椒，就可以辣死你。」還傳說我的溫暖，讓X老師感動到又流了一臉淚水。

最讓我高興的是，他們下的結語：我們校長很有肩膀。

那天我正式成為宏中的大家長！

那名不到一百五十公分的小男生拿著一把（劍）或刀？要拔出鞘，可是這把武器太長，他的手太短。糟糕，拔到一半，卡住了。

唱軍歌的孩子

九月底的午後在埔里已比較涼爽，吃過午飯，看了一會兒雜誌，才剛趴在桌上想休息一下，突然一聲，「答數——」洪亮的聲音，把我給驚醒過來，接著哩哩啦啦、不整齊的「一、一、一、二、一」答數聲，從我辦公室的樓下傳過來。

我揉揉眼睛，跑到陽台往下一望。

滿頭白髮的訓導處主任，拿著籐條，用力吼著：「大聲點，答數——」學生被一吼叫，聲量有稍稍放大，但還是不整齊。

前進的隊伍也是凌亂、不整齊。雖然用力踩步，但此起彼落的腳步聲，不禁讓人要皺起眉頭。

「這是演哪一齣？哪一個場景呀？」

驕傲的剪報

訓導主任往上看到我，很神氣的對我揮揮手，似乎是為了表現給我看，所以喊得更大聲：「答數——」

「校長，這是我們要經營的特色，現在已經沒有學校在進行軍歌比賽了。運動會進場時，總看不到學生抖擻的精神、整齊的步伐，因此我堅持要練軍歌，要辦比賽，所以午休可能吵到你，對不起喔！」

我說沒關係，但我仍忍不住要問：「國中生練唱軍歌及行進，會不會太小了？」

「那是你沒有看過，你才會問這個問題。其實，我們還因為這個活動被媒體報導過呢！」

主任提到上過報紙的地方版，整個臉神采飛揚。說到精采處，雖忍著沒有擊節叫好，但一雙手卻握緊拳頭，想壓抑卻壓抑不了地洩漏出他內心的驕傲。

「我等一下拿剪報給你看。兩個禮拜後，你看學生比賽，你就知道什麼叫精采。」他迫不及待地回到辦公室拿剪報，而且是影印好、護貝的剪報。看來他早印好、護貝好，非常的驕傲呢。

生平第一張違規超速罰單

過了兩個禮拜軍歌洗禮的日子，每天午休不是聽到：「我有一支槍，扛在肩膀上……」便是傳來「九條好漢在一班，九條好漢在一班」，還不時能聽到「槍，在我們的肩上，血，在我們的胸膛」。

我彷彿住在營區旁，每天受到軍歌薰陶。開車時，已不自覺一邊唱，一邊答數，還要喊口號：「雄壯、威武」。

或許因為「血，在我的胸膛」，精神抖擻到車速過快，一天，被警察攔下。

他拿出測速器給我看：「小姐，你已超過一百了。」

我看到測速器上顯示一百零五，所以回了一句：「還好只有超過五公里。」

警察瞪著我：「可是這裡的時速限速是七十耶！」

那天，我第一次收到違規超速罰單。

我忍不住大喊

終於到比賽當天，訓導主任很慎重地邀請評審。他平日便曬得烏黑黝亮的一張臉，此時更亮了。

穿著功夫鞋的他，小跑步上台，宣講比賽規則，聲音異常洪亮。

看到我坐在台下觀看，他整個人簡直high到不行，還要我宣布，「比─賽─開─始─」

一個班一個班的出場，聲嘶力竭的歌唱，大聲呼吼口號及答數。

我的耳膜被震得受不了，但我不得不認真地觀看，畢竟是各班練習的成果。

「下一隊，歡迎ＸＸ班出場。」當司儀喊完，這一班出場時，大家看到領軍的竟是一個一百五十公分不到的小男孩，不禁都笑了出來。

訓導主任立即大聲吼叫：「笑什麼笑！」會場才又安靜下來。

他們唱得不錯，但一個噱頭又讓會場觀眾大笑了起來。

那名不到一百五十公分的瘦小男生拿著一把劍（或刀？），要把劍拔出鞘，可是這把武器太長，他的手太短。

糟糕，拔到一半，卡住了，卡住了。

「我拔，我再拔……」小男孩拔得面紅耳赤。場內笑聲隨著他每一次用力嘗試拔劍的動作飆到最高點。

我沒笑，只是緊張的看著他，最後忍不住喊出來：

「不要拔了。」

說時遲，那時快，隨著我最後喊叫聲，訓導主任一個箭步衝上前，「唰——」一聲，劍終於拔出來了。

「不—要—笑—！」訓導主任獅吼般的聲量，鎮住了所有笑聲。

汗或淚，看不清

我心疼的看著那個小男孩，他強忍住眼淚，右腳在地上用力跺兩下，把最後的收尾動作結束，向評審鞠躬、報告表演結束。

退場時，他用手抹臉，是汗水或淚水已看不清了。

比賽結束了，校園不再有槍有血，不再有答數、有口號，只有聽到主任不時吼叫：「安靜，全部給我安靜。」

同事說他很注重我的觀感，比賽過程中，一直在觀察我的表情，看到我為那小男孩心疼、皺著眉，他感到很挫敗。

我聽了，便找機會安慰主任。我說：「辦得不錯呀！」但他也只是尷尬的笑了笑。

那是宏中最後一次的軍歌比賽，永遠忘不了的一次比賽。

「寶貝，我希望你們幫忙做禮堂上舞台的大階梯。
下個月，我們就要辦理活動，我希望能趕得上使用。」
我說完，阿翔便以一副老大的模樣撇嘴：「那是不——可能的事情。」

需要掌聲的孩子

在處理公文時，眼尾餘光瞥到一個孩子在窗外看我，是三年級的阿翔。

老是站三七步的他，一手插在褲袋裡，一手斜靠著窗台，身體永遠是站歪的。

我笑著喚他進來。

他把手從褲袋裡拔出來，指著自己問：「我嗎？」

我點點頭：「對，就是你，進來呀！」

他高高興興的進來，但不是用跳躍的步伐，一雙腳仍像黏著地板一樣拖著進來。不過他裝酷的一張臉，仍止不住喜悅的神采。

「老師說：『好了，要請你過去看啦！』」

我聽阿翔一說，立即張大雙眼，驚訝的問：「怎麼可能？怎麼這麼快？你們太強了吧！」

裝酷的阿翔已經要忍不住破功了，他高興、得意到快笑出來，沒辦法裝酷了，只好催促我：「阿母，緊啦！」

聽見阿翔的心

阿翔是第一個讓我印象深刻的孩子。第一次見到他是在保健室，與人打架的他臉上有一道口子，血淋淋的讓我趕緊別開臉，不敢看護理師處理他的傷口。

說起打架的理由就為了爭風吃醋。護理師輕描淡寫的說起學生血氣方剛，動不動就打架的事。

「外面的人都說我們的學生很壞，不是躲在巷子抽菸、喝酒，就是打架鬧事，再不然就是逃學，在外面騎機車亂逛，其實我看你們不壞呀！你們嘛！乖一點，幹嘛要打架，好好讀書嘛！」

護理師阿姨的叮嚀，阿翔只是冷冷的說：「來學校很無聊。老師講的，我們又聽不懂。」

後來是看到阿翔的中輟單。幾天後，學校的輔導替代役男又偕同警方去把他找回來。

「我在外面已經有工作了。」阿翔不想回到學校，所以面對老師的規勸，他不但一概不聽，還與老師說起在外面工作的樂趣。

我說：「在大太陽底下，很辛苦的。」

「總比坐在教室裡好，坐在教室裡就像憨人。」倔強的阿翔說還要逃，當老師提起孩子中輟，父母要受罰的法令時，他才靜默不語。

另類激將法

那天，我去找了學校的一名體育老師金豐，他在我來學校報到時喊我一聲老師，原來是我以前在公東高工教書時的學生。

我聽到他擔任體育老師便很詫異：「好浪費政府資源喔！」

金豐是公東高工木工科的選手，獲得全國冠軍及全世界銅牌後，獲保送到師大就讀。以為他應該在專長上發展的，沒想到竟當起了體育老師。

「幫我訓練學生吧！」我拜託他教這些無所事事的孩子。

可能是老師說的話，他不敢不聽，可能是他想起自己也因木工而展開生命的另一頁，他點頭答應。

「寶貝，我希望你們幫忙做禮堂上舞台的大階梯。下個月，我們就要辦理活動，我希望能趕得上使用。」

我說完，阿翔便以一副老大的模樣撇嘴：「那是不——可能的事情。」

他拉長聲調，還裝酷的抖腳。

「只要你們下課就過來趕工，一定來得及。何況，教你們的老師是金牌選手耶！你們那麼沒本事嗎？」

我故意用激將法，再加上金豐在一旁敲邊鼓，他們一副「我拚了」的答應。

孩子安靜的祕密

「校長，你們學校最近好像比較安靜喔！」駐區督學有一回來學校巡視時，提到他的發現。

我帶他到工藝教室看，一群頭髮亂豎、服儀不標準的孩子正專心的鋸木頭。

「這就是學校安靜的原因。」

我告訴他，我把這群國三的孩子聚集在這裡工作。他們有事做，而且是有進度的活兒要做，哪有閒時間打架鬧事？

他笑了出來，誇我好聰明。

我說不是我聰明，是老祖宗聰明，「『小人閒居為不善』，你沒聽說嗎？」

他大笑著說：「他們真的忙到沒時間打架鬧事。」

孩子喚我「阿母」

看著眼前的孩子，或是桀驁不馴，或是欠缺自信，或是憤世嫉俗，在燠熱的工藝教室，工作中汗流浹背的他們，都有著專注的眼神。

「木頭磨平了，我期望他們的火爆脾氣也能磨平。」我這麼與督學報告。

就是那一回，阿翔看到我帶著督學來，就故意衝著我喊：「阿母、阿母。」

我也回應他：「後生（兒子），什麼事情？」

從此阿翔不像別人喊我「校長媽媽」，他獨樹一格叫我「阿母」，我也喊他「後生」。

「阿母，緊來看啦！」阿翔又再催一次。

我闔上公文，跟著他快走到工藝教室，可以組裝的木階梯已然完工。他們企盼看到我，好跟我炫耀的神情，讓淚點一向很低的我一下子就熱淚盈眶。

「寶貝，你們怎麼那麼棒呀！天呀！我好想趕快讓大家看看喔！」

在淚光中，我看到了一群被磨平拋光的孩子。

孩子改變的契機

隔週週會時，他們扛著木階梯，在大家注目、鼓掌下進入禮堂。寬八尺、高四尺、深六尺的兩座階梯，在他們嘿咻嘿咻聲中被扛進來。波麗面木心板的階梯，雖不是最好的木材，但必須裁切成鋸齒狀，一階一階的組裝，艱鉅、細膩的工法仍換來老師驚呼的聲音、同學羨慕的表情。

他們稍帶緊張，卻難掩喜悅的把兩座階梯放下、擺好，然後緊靠著舞台，此時全場響起如雷掌聲。

阿翔從禮堂出來後，握著拳頭說：「來宏仁兩年多，今天最爽。」幾個孩子嘰哩呱啦的說著第一次站在大家前面，有多緊張之類的話。

「阿母，還要做什麼？」阿翔興沖沖的問我下一個工作。

我說：「剛做完，休息休息吧！」

他們搖頭，很豪氣的說：「不用休息，你再叫我們做大件一點的。老師說我們的水準可以做更大的。你趕快想一想。」

那天，他們一直跑我的辦公室，與我分享各科老師誇他們的話，也催促我快想別的工作。

孩子需要肯定、需要有事做。

這一個大型階梯已然提供他們改變的階梯。我確信他們正一步步爬上階梯，努力向上。

教務主任抿著嘴，對我說：
「校長，你是不知道我們一二流的學生給ＸＸ學校搶走了，
三四流的學生給ＸＸ學校搶走了嗎？
我們只剩不入流的學生，老師再怎麼認真教，也沒用的。」

艱鉅的責任

你能了解貧窮的人生活難堪到何種境界嗎？如果你沒有親眼見到，你便不能說你理解。

宏仁國中，它屬於鄉下學校。單親、隔代教養、低收入戶人數，超過學生總人數的三分之一。

學生回到家，必須幫忙做代工，賺取微薄生活費，不用說想方設法幫孩子找到「明星學校」就讀，就連學校的輔導課，家長都無法支付。

反對的聲音

我來了一學期，看到許多孩子因為無法參加課輔，放學後四處晃蕩，有的甚至躲在巷道裡抽菸、喝酒。訓導處老是接到投訴的電話。

我希望全校都能留在學校裡，參加補救教學。

「每天能多背一個英文單字，或一首詩。三年下來，可以累積多少英文單字呀！就算沒讀多少書，至少不會在校外飆車出事，或抽菸、喝酒，破壞學校形象吧！」在寒假期間，我便與教務主任談到這個構想。

他保持一貫的沉穩，思索半天，才以緩慢語調，極平順地說：「那是不可能的。你不要拿中興來看這裡。」

他看我一臉不以為然，又繼續分析給我聽：「這裡的學生家庭環境都很差，交不出錢，另外，學校老師已經習慣不上第八節課，四點就放學。我每次都是費盡心力，才拜託到老師來上兩班加強班。你要大家一起上，老師第一個就不會答應。」

「我知道任何增加大家工作量的作為，一定會遭到反對，但請你試試吧！為了我們的孩子，試試吧！」

主任抿著嘴：「校長，你是不知道我們一二流的學生給ＸＸ學校搶走了，三四流的學生給ＸＸ學校搶走了嗎？我們只剩不入流的學生，老師再怎麼認真教，也沒用的。」

我只有一個想法

我嘆了一口氣，看著眼前這個文質彬彬的老主任，他一直很努力於學校的教學工作。平日閒聊中，提到早期宏中曾有的一段風光時期，臉上總露出心嚮往之的神態，但一談到現今，他便霎時像從天上掉落凡間的錯愕與失望。

這麼多年來，為了把學區成績優異的學生留下來，他想盡各種辦法，甚至不惜與家長吵架，也不肯蓋下改分發的章戳，弄得家長紛紛找議員來關切。

我便接獲幾位議員的電話，關切之餘，也被酸一下：「留不住，就不要強留。」而為了這些關切，我忍下了。

我唯一一個想法，就是要印證我們可以把孩子教好。

「一二流的學生教成一二流有什麼了不起。我們把不入流的學生教成一二流，那才是真本事。」

對我這樣的回答，主任很知分寸的停住討論。

我再度拜託他，安排下學期一定要鼓勵全校上第八節補救教學。

沒想到，開學後，他給我的答覆依然沒變。

我與學校某些老師提到我的想法，以為會獲得支持的，但沒想到獲得的答案竟是：「校長，你不要把中興的壞習慣帶來這裡。我們埔里的三所國中向來是不上第八節課的。」

我有些嘔，但我想山不轉，路轉。我總可以想到辦法的。

學校真有那麼窮嗎？

一天，靈機一動，我想到以前就讀教研所的國立彰化師範大學，那裡的教授超nice的，對學生的請求，總會盡力幫忙，因此，我厚顏找教授，請求協助。

「大四或研究所學生需要機會實習，我學校的孩子，需要有人免費課輔，再者，彰師大有校車、有資源。這麼做，能發揮愛心，並做行銷，多好呀！」

張惠博院長聽著我的分析，他笑著說：「學校真有那麼窮嗎？老師真的不願意上嗎？」於是他帶著洪連輝教授、林忠毅教授等來學校看看。

一看，沒多說話。他們都答應要來幫忙，但只能在週五來上第八節，週六、週日上全天的補救教學。

「這樣可以嗎？」院長問我。

我用力的點頭。

只要能幫助孩子，即使是利用假日，我也感激莫名。何況他們不但免費，也要跟著犧牲假日呢。

我原以為學生會搶破頭來參加，但沒想到，調查後，居然有人因為要「午餐自費」而不能參加。

我對這現象頻呼不可思議：「所有的費用都不必繳，只是付自己的午餐五十元，怎麼也不能參加？」

我們肩上的擔子

教務主任苦笑著說：「你真的不了解，他們真的很窮。」

註冊組告訴我，學生家境的確十分貧窮的學生人數，逾三分之一。其餘，僅夠溫飽的，也占了大部分。

輔導老師告訴我，學生中有人一家六口，擠在租來的十坪大的鐵皮屋裡；有人父親受傷半殘，無力工作，母親離棄，三名兄弟得照顧父親及彼此……

輔導室老師嘆氣說：「每一個貧困家庭的孩子都有一段旁人想不到的辛酸史。有錢的人家會安排孩子就讀明星的私校，或改分發到明星學區，但我們這些窮困的孩子能到學校就讀就已不錯了，哪有可能費心思選擇學校？哪有可能繳交輔導費？」

「雖然我們的孩子窮，但我們會想辦法找援助，並教他們現在安於環境，等待將來改變環境。」我如此安慰老師。

「有時候想想，孩子很窮的確很可憐，但從另一方面來說，他們沒有機會因富裕而嬌生慣養，其實也是幸福的。」輔導老師試圖從另一方面解釋，以緩解一些悲傷。

想想困頓的生活，的確能栽培生命的韌性。**貧困的孩子或許不能就讀明星學校，但絕不能連基本的教育都荒廢了。**

我知道我的責任更重了！

總務主任對我說：「校長，彰師大師生那麼辛苦來幫學生上課，還克難的睡在教室的地板。我想我去與地方的飯店談談，看能否贊助、幫忙？」宏中的老師終於動起來了。

哇！大學教授來上課耶！

彰師大的教授帶著研究生或大四的學生，利用假日來幫忙補救教學，不但在學校引起注意，連地方也開始傳誦。

大家對宏中的印象開始慢慢改觀。

「校長，他們那麼辛苦來幫學生上課，還克難的睡在教室的地板。我想我去與地方的飯店談談，看能否贊助、幫忙？」

總務主任看到後說他「足感心」，於是主動提出解決住宿的問題。

從觀望到協助

「是我的母校教授來幫忙，我一定會來學校，協助處理行政業務。」教務主任不在乎假日要休息，都跟著忙進忙出。

「校長，你知道洪連輝教授自掏腰包買披薩，請我們的孩子吃嗎？」

「校長，生物科的林忠毅教授說我們的儀器太老舊。某些課程，他要帶學生到彰師大上課。」

「校長，數學科梁崇惠教授帶來一大票學生，幫我們進行補救教學，好壯觀喔！」

……

學校老師由一開始的觀望，到議論，以至佩服。由週五的快樂下班、運動去，到留下陪伴，以至協助。

我看到了。

他們聊到在外購物時，聽到家長及社區民眾對學校發出難得的稱許而高興不已。他們說宏中可能真的要改變了。

我聽到了。

我對自己發誓

「我看你們的設備這麼差，這樣子吧！我們主辦的大眾科學營競賽，南投縣就委由你們來承辦，我們會補助一些經費，我也會請縣府教育局多少補助你們買幾張會議長桌。」洪連輝教授幫我想到辦法，還立即與駐區督學黃建彰督學，商議補助物品。

活動當天，我看到學校的老師動起來了。

縣政府補助我們的五十張長桌一送來，我看到協助搬動的師生笑了。

大眾科學營競賽的紅布條一掛上，我看到了希望。

在那紅布條下面，我對著自己發誓：我一定要讓宏仁國中長紅。

「學校老師已到縣府投訴，說你每天早上都站在校門口點名，有老師已經被搞得精神衰弱了。」督學告訴我來意，我錯愕又傷心。

萌生退意

「督學又——來了。」警衛替代役男打對講機通知我，那個「又」字被他拉長音。

這個月，督學已來兩次了。

我嘆一口氣，無奈的想，這一回又是哪個學校，或是哪個民意代表來投訴。

傷心的投訴

「學校老師已到縣府投訴，說你每天早上都站在校門口點名，有老師已經被搞得精神衰弱了。」督學告訴我來意。

我錯愕、傷心的解釋，早起是個人擔任訓導主任的習慣使然。站校門口，既未帶筆，更未帶點名簿，如何點老師的名？

「反正，你就是睡晚一點再出門，不用一大早站校門口，給老師帶來壓力。你至少要待一任四年，留點體力，不用天天那麼累。」長官極力說服我晚點出門。

我一天的活力來源

我想到每天大家還在睡夢中，清晨六點不到，我便躡手躡腳的開家門，輕輕啟動我白色的小March，啟程到學校。

從中興到埔里，我或是聽廣播，或是自得其樂哼著歌。五十五公里的崎嶇震盪，我不但不以為苦，有時因前一晚下過雨，山特別青翠，再伴著裊裊山嵐，奇美的景致，還會讓我大呼幸福。

老同事聽到我一早出門，總要我小心一點，因為山路不好開車。

雲笑我改不掉訓導主任的老毛病，總喜歡一早站在校門口，和學生問早。

她提醒我，別忘了自己已是校長，不是訓導主任了，不需要那麼早到校。

我說：「**看見孩子們的笑臉是我一天活力的來源**，這恐怕與擔任什麼職位無關。」

我有七、八百名孩子

記得開學第一天，我笑咪咪的向孩子們問早，也向老師們問早，更向家長們問早。他們看到一個穿旗袍的嬌小女人，擺著一張笑臉，主動問早。每個人的臉上都是一樣的表情——「她是誰呀！」

有的人尷尬的回禮，聲音小得聽不到，但看得到嘴唇在嚅動，有人裝作沒聽見，快速離去。

對家長，我就不予理會，但對孩子而言，他們若沒回答，我一定追著問：「寶貝，早呀！」

沒想到這句「寶貝」，引來一陣笑聲。

「他叫你寶貝耶！」一個孩子笑著推著身旁的同學。

我馬上對著他說：「我是你們『校長媽媽』，你們當然都是我的寶貝。你也是我的寶貝。」

我一說完，剛才被推的孩子，馬上轉身對同學叫喚：「寶——貝——」雖然有些是故意拉長音調的模仿，但表情卻是愉悅的。

沒幾天，全校都知道我呼喚孩子「寶貝」。孩子進校門看到我，也會高興的問早。一個孩子問我，可否叫我「校長媽媽」？我猛點頭。還利用集合時，告訴大家：「我是大家的『校長媽媽』。」

於是，一天的開始變得熱鬧有趣：有叫我「校長媽媽」，也有直接叫我「媽咪」，最特別的是叫我「阿母」。

我真的樂在其中，想想有七、八百名孩子，是一件多幸福的事呀！

而且**另一個收穫，是我幫學校行銷加分的效果。**

家長知道我每早六點前即出家門到校，常停下來，與我閒聊幾句，或加油一番。他們與學校的關係，或對學校的觀感愈來愈好。

「校長，你讓人足感心啦！」家長是這麼說我，但看來學校老師似乎不領情。

議員公然索討

「這是我回任教師的申請書。」我對著來校關切的督學，提出想回任當教師的申請。

他錯愕的問我，為何要這麼做。

「老師的投訴，只要加以說明就好了呀！」督學試圖要安慰我。

我開始一一細數自己的挫敗，告訴督學萌生退意的原因。

第一件，是第一學期，某位議員要求承包、製作學校畢業紀念冊。

我告訴他，公務人員就是要守法，我保證公開招標一定公平、公正且透明，並歡迎他來招標。末了，我還補上一句：「家長會也要求我們要公開招標。」

我以為可以以握有選票的家長來讓議員知難而退，沒想到他冷笑一聲：「連家長會都沒辦法掌控，你這校長也太沒能力了吧！」

我嘆口氣，並抱歉地說：「唉！您還真說中了，這方面我真的沒辦法。我卡憨慢啦！」

那天，議員不滿意的走了，但在議會預算審查時，他把我叫起來，毫無法治觀念的說：「不要什麼事，都說公平、公正、公開。我又沒要吃你十成，給我一兩成，我就很滿意了……」他除了公開索討外，還故意挑撥說我校的家長會對我很感冒等等。

「那件事，你們家長會不是為你討公道，向他抗議外，還在校慶時，擺桌公開挺你嗎？」督學提出質疑。

我點點頭，請他繼續聽下去，並請問他，可還記得前些時候某位校長，因為學校老師向議員投訴，被議員修理辱罵到哭的事件？他點點頭。

我說，這位校長被議員修理的畫面透過電視播出來，當時我的母親便憂心忡忡的叫我：「咱們不要當校長了，好不好？回去好好當老師就好了。犯不著給人罵成那樣子。學校老師能帶就帶，不能帶就回來吧。」

年近八旬的老母親，為我擔憂，還提到我上任當天的事。她無法想像自己的小女兒怎能管理這樣的學校？尤其她又把我當小孩來看，更是擔憂害怕。

議員放話修理

其實那次議會的震撼教育，便讓我想打退堂鼓，尤其，這學期更有一位議員打電話要來關說午餐、食材廠商的事，當時我心生一智，故意壓低聲音說：「議員，我這支電話有錄音喔！」

他一聽，二話不說，把電話掛了。

事後，我知道有某位教育同仁跟他很熟，所以故意放出風聲，讓他們知道我的丈夫在警界服務，我最要好的朋友是檢察官，以此自保，希望他不會再來關說。

他的確沒再關說，但卻放話要修理我。

「校外的威脅，我不怕，但我怕傷害老父老母。我也害怕、討厭教育界的傾軋傷害。

督學，這學期，你不是老來我學校，希望我不要那麼積極認真，免得造成其他校長的壓力嗎？我受邀演講，已不是這一兩年的事了。對於親職教育的邀約，站在分享的立場，我不會拒絕，但卻有人向你投訴我在搶學生；我每天學校、家裡一條路線走，從不應酬，卻被謠傳到成績好的學生家裡搶學生；我認真地想把宏仁國中帶起來，卻被中傷說我來宏中只是沾醬油，把宏仁國中當跳板……」

我一口氣把自己的哀怨都說了出來，並說那時便已寫好回任教師申請書，只是沒送出來而已。

督學笑著說：「何必管他人的說法，你做你的就是了。」

最傷人的污衊

我嘆了口氣：「是呀！我做我的，外面的風雨都可以不管它，但校內如果沒有向上爬升的力量與意願，我一個人怎麼能拉得動呀？督學，您說我學校的老師投訴我早上站在校門口點名，讓他們心驚膽戰，這真的最傷我，也是讓我決定申請回任當老師的最主要原因。」

說到這裡，我已經有些哽咽，深呼吸一口氣，我繼續說。

「我這麼認真，難道他們看不出來嗎？為了讓三年級的不要欺負學弟妹，開設木工社團，我要到外面爭取經費耶！為了讓孩子的能力提升，我親自到彰師大拜託教授幫忙，為了提升學校人文素養，我辦理各種藝文活動，自籌資源及經費。他們應該看到了孩子的改變，他們應該聽到了學區家長對我們印象的改觀。家長都會說我做的一切，讓他們很感動，他們沒感覺嗎？我不要他們感動，我只要他們理解。這一點點的懇求，他們難道都做不到嗎？」我停頓，再深呼吸一口氣。

「我每天六點前出門，在天色昏暗中，開五十五公里的車到學校。我只是喜歡一早看到孩子，跟他們問早，他們是我一天活力的來源。我既沒帶筆，也沒紙，沒點名條，我如何點名？這樣的污蔑最讓我難受，也是打擊我的最大力量。您說，我如何帶領這樣的學校前進？」說到這裡，我已無法再言語。

良善且溫和的督學安慰我：「你不要想那麼多，也不是全部的人都這樣想，投訴的就一兩人罷了！」

我大呼一口氣：「算了，不如歸去。我還是回到中興，好好的教書吧！」

督學笑了出來：「喔！不行喔！你必須在宏仁回任當老師。你要想清楚喔！」我整個人真的傻住了。

督學停頓了一下，又提醒我：「你忘了縣長交付你的任務？你這樣退下來，不是證明了縣長沒有識人之明？」

我愣在現場，想到接過校長聘書的那一幕，想到縣長對我大姊說的話：「你不知道你妹妹的能力。」再想到中興歷任校長陪我上任，期望我改造宏中，更想到我在紅布條下發的誓：我一定要讓宏仁國中長紅，最後，我想到早上孩子們高興的叫我「校長媽媽早」、「媽咪早」或是「阿母早」的模樣。

我喝了兩杯熱茶，再深呼吸一口氣，「好吧，既然如此，與其在宏中當老師無法有作為，還不如繼續我的校長生涯。我就再拚一下吧！」

依然不改其志

晚上，老公聽完我的陳述，他調侃的說：「苦幹實幹，撤職查辦，你沒聽過嗎？」

我白了他一眼。他轉而趕緊為我叫屈，說我這麼認真，學校老師應該肯定、支持，並與我一起努力的，沒想到，沒這個心也就罷了，竟然還到縣府投訴，這不是丟人現眼嗎？

「怎樣？明天睡晚一點？」

我對老公的提議搖搖頭：「明天，我還是要一早出門。我不想失去一早與孩子們見面、問好的機會，不過，我想到一個解決的方法了。」

「明天開始不站校門口。我到遠一點的十字路口，看孩子們上學，總可以了吧？」老公聽到我的回答，直搖頭說，狗改不了吃屎。

唉！不管是否狗改不了吃屎，不管這是否是一個打擊，我還是堅持做自己，我還是要享受每天的晨光、每天孩子們稚嫩熱情的問早，那可是我一天的活力來源呀！

而且繼續下去，我才有機會扭轉一切。

未來就算衝鋒陷陣，傷痕累累也罷，或是放手一搏，卻落得鎩羽而歸也罷！至少我可以無悔、無愧的說：「我打了一場美好的仗。」

「宏中今年有兩名學生考上第一志願，是撿到狗屎運，不小心碰上的。」我實在無法忍受這屈辱……

破蛋啦！

基測第一階段申請放榜，導師佩瑜興奮的跑來謝謝我：「這都是您買模擬考卷給他們考的功勞。」佩瑜高興的心情溢於言表。

我告訴她，是大家的功勞，「但是你這位導師功勞最大。你真的辛苦了。」我說完，她竟哽咽，無法言語。

經費，包在我身上

記得一開始，我接獲教育部密函指學校基測成績過低，要我們找出原因加以改進。我聽到教務主任報告的平均值，詫異到無法言語。

學校沒有讀書風氣固然是主要原因，孩子素質不佳，也是大家知道的，但學校還篩選了兩班的人數，利用假日兩天，幫他們加強，為何還無法考出好成績？去年最佳成績，竟只到第三志願的學校。

於是，我開始觀察。我發現三年級老師們很辛苦，一邊上新教材，一邊複習舊教材，還要視複習進度，再自己命題考試。

這樣的方式是累死老師，進度又不佳。學生依賴老師複習進度，不夠積極外，也無法適應基測考試型態。

因此，我提議要讓孩子們參加外面的模擬考試，但老師們拒絕了。

「沒有幫他們複習，他們考不出好成績，會打擊到他們的信心。」

「參加模擬考試要錢的。我們的學生繳不出錢。」

「我們已排好進度了，不能貿然改變。」

……

我告訴他們，考前就要指導學生自己排進度複習，考完後檢討試題，就是複習。再者，讓孩子知道基測考試的型態，即使考砸了，也才知道外面的競爭力就是如此。

與其在基測後傷心，無法挽救，不如現在讓他們提早面對現實，在難過後，還可以擦乾眼淚，繼續前進。

「至於經費根本不用在乎，我會想辦法。」我豪氣干雲的說。他們討論後，還是決定拒絕我的提議，還委婉的說：「校長，我們這邊的學生不比你們中興的學生。」

在那一刻，我清楚了。他們依然沒有接納我是他們的一員。我依然隸屬於中興。

書局老闆的贊助

不過，我沒死心。我心想，你們不參加考試，那我去買試卷給你們。為了怕浪費，你們一定會讓學生做做看。只要學生多做幾回，我的目的也就達到了。

於是我回到南投時，自己跑到書局去訂購。

老闆問清楚來意，很阿沙力的說：「我贊助一回。」

那時，我拿回考卷，第一個就是先找佩瑜。她年輕，而且她的大學同學也在中興服務，她的接受度較高。從她開始，後來其他老師也陸續接受。

因此，她班上一開始便有兩名學生考上第一志願，她立即來謝謝我：「校長，你的看法沒錯！」

那天，學校的氣溫一下子提高了，大家熱烈討論，學校瀰漫著興奮喜悅的氣氛。下午，家長會長也興奮的邀了一些朋友來我辦公室喝咖啡，其中有一位是另外一所學校的家長會總幹事。

我們會長喜形於色的說起宏中要從他當會長開始改變了。

鄉土味，且兼具江湖氣概的會長大概高興過頭了，開始對另一所學校的總幹事下戰帖：「哪一年，我們贏過你們，我就要在埔里擺桌慶祝。」

另一所學校的總幹事，不甘示弱的開始與我們會長唇槍舌劍，字字句句都是瞧不起宏中、看扁宏中。

我本來不想理他們，但看他們兩人的聲量愈來愈大，我只好轉移焦點的問大家要不要換喝茶。

會長一聽到我問話，馬上把焦點轉到我身上。

我一定贏─過─你

「你知道我們校長是從哪裡來的嗎？是升學率最好的學校耶！」我當場整個愣住了，

僅能以微笑帶過。

對方聽到會長這樣說，輕蔑的表示，神仙也救不了宏中。

今年有兩名學生考上第一志願，是撿到狗屎運，不小心碰上的。第一年，當校長就想帶這所連社區都不支持的學校贏過他們，門兒都沒有。一輩子都是妄想。

「福建，等到恁孫來讀，宏仁還是沒辦法贏過我們的。」

會長聽得氣到語結，臉都漲紅了。

「總幹事，我看你算錯了喔！不用那麼久喔！只要我李枝桃在宏中待四年，我就要讓你剉咧等。若讓我待八年，我一定贏過你。」

總幹事聽到我堅決的挑戰話語，看得出表情有些錯愕，但他仍嗤之以鼻，揮手說不可能：「李校長，你尚好無通亂講話。」

我趕緊向他道歉，說我說錯話了。

他高興的說：「就跟你說，不要亂講話。」

「對不起，我真的說錯話了。我幹嘛那麼沒志氣，要說那麼久。我應該說兩年，我就要讓你剉咧等。若讓我待四年，我一定贏—過—你。」

會長高興的鼓掌，我眼神射出兩把憤怒之劍，心裡好似有兩大缸水被我打破了，水傾洩一地，大缸也破得四分五裂。

回不去了！回不去了！

我挺直腰桿，心裡突然響起軍歌：槍，在我的肩上；血，在我的胸膛……

五名老師即將退休，我詢問人事主任學校過去的做法。
他告訴我，只有紅包五千元。
「紅包五千元，就這樣嗎？」
我提高的聲調，人事主任嗅得出我的不滿意。

為退休老師辦歡送會

「校長，這是我們學校有史以來最溫馨的歡送會，謝謝你幫我們辦這個歡送會。」即將退休的施瑞華老師，感激的握著我的手謝謝。

她那幾年前也從本校退休的老公冉老師也在一旁稱謝，並說這是第一次學校為退休老師辦的歡送會，而且還是校長出的錢，更令他們這些已經退休的人既羨慕又嫉妒。

我要他別客氣。看到大家盡興的模樣，一切都值得了，出點錢算什麼。

「對你來說也許沒什麼，但對宏仁來說，這是第一次有這麼溫馨的餐會。」冉老師如此感慨。

五千元紅包

「五名老師要退休，學校一向都怎麼辦歡送會？」兩天前，我跑到人事室詢問。

個頭小小，一頭白髮的人事主任，是學校老師很肯定的主任。每個人說到他，都讚賞有加，但大家讚賞的其實都是人事主任基本該做的。

有一回，我脫口而出，說大家所稱讚的都是人事主任基本該做的，老師們點點頭，但回我一句讓我聽到都覺得心酸的話：「基本該做的有做到，在我們這裡就是超優秀、超難得的。」

我不曉得之前的人事主任如何，但這位人事主任就跟我遇到的所有人事主任一樣，在自己的崗位上認真盡責。在我來宏中後，他給我相當多的建議，有時候還會適度提醒我學校有哪些地雷。

四平八穩的他，思慮較多，做事不快，但周詳。每天，我會到他與主計主任共用的辦公室，喝一杯他泡的茶，聽他說學校的歷史，因此針對五名老師即將退休，我才跑來問他過去的做法。

他告訴我，只有紅包五千元。

「紅包五千元，就這樣嗎？」我提高的聲調，人事主任嗅得出我的不滿意。

他立即解釋道：「校長，不是每個人都有錢，也不是每個人都願意花錢。再說，也因為不確定哪一年有幾位老師退休，萬一一下子太多人退休，大家就必須繳交一大筆錢來買紀念品，因此才開會討論每一位退休老師都給予五千元的紅包。這五千元，再由所有老師分攤。」

「我不是指錢數的問題，而是有沒有辦個歡送會來歡送他們？」人事主任搖搖頭：「那必須要有行政人員肯做呀！」

他這一說，我懂了。

我要自己出錢

那天，我回到家，便去找我的朋友麗青。她除了開一家麵包坊，也幫忙辦外燴。她聽到我要自己出錢，幫忙辦歡送會，露出不可思議的表情。

「我要把學校經營成一個大家庭。我要讓大家知道宏中是充滿愛的地方。」我如此告訴麗青。

我拜託一些老師，把這五位即將退休的老師在宏中的相片找出來，製作出大海報，張貼在會場四周。

當這些退休老師進入會場，接過同事獻上的花，再看到海報中年輕歲月的自己，時間剎那流轉。在那一刻，往事如海潮澎湃的湧上。談起過去既往，是痛苦也罷，是驚險也罷，或是壓力也罷，都在亦笑亦淚中，浪平了，水靜了，只剩一輪明月映照海上，粼粼波光中，只留一嘆。

我拿著飲料，站到外走廊。從外面看裡面的場景，是我最喜歡的事。

我喜歡辦活動，喜歡辦讓人家感動的活動，然後在活動中自己跳開，站在外圍欣賞，就像導演看著自己的傑作一般。

許久沒有這樣融洽的感覺了

「校長，你在這裡呀！」訓導主任來到我旁邊。

他說，很感動我做的一切，因為不只是對退休老師有情有義的表現，重要的是大家在一起聚會，「許久沒有這樣融洽的感覺了。」

我很驚訝他會這麼說，因為我來了近一年，我看到的他是老古板、守舊且嚴謹、不太與人和善的一個人。

前些時候，為了畢業典禮，他堅持要傳統的行禮如儀，要擺出國父遺像，讓大家行三鞠躬禮，還要一串的貴賓致詞等，我說了：「畢業典禮的主角是學生，不用譁眾取寵，但也不要嚴肅到令人乏味。」

或許，我在三年級老師面前說這些話，讓他覺得沒面子吧？

他竟不客氣的說：「那大家就依校長所要的去討論吧！」

我當場跳腳，嚴厲的回他：「請把話聽清楚。主角是孩子，不是我，也不是老師，更不是你，好嗎？」

他嚇住了，語氣才變和緩的與老師討論下去。

後來訓育組長語婷設計了一些感人的橋段，讓孩子們時而哭，時而笑，畢業典禮的流程順暢、溫馨。

我足足誇了訓育組長好幾天，但我卻看不到訓導主任的笑容，所以我以為他喜歡嚴謹、拘束。

我一定會幫你當的

他開始說起了自己擔任訓導主任處理過的一些事情，也感嘆宏仁有一大段停滯的時光。

在嘆一口氣後，他突然感性的說：「校長，你是年輕一輩的人，你一定有你想做的事，可能需要年輕人來配合你。你去找新的訓導主任吧！找一個可以配合你的步調的人來當吧！」

我詫異的看著他，我還沒回神，他又再說下去：「不過，」說了這兩個字，他眼中帶著得意的神采看著我：「我想，你是找不到人願意當訓導主任的。」

他又停頓了一下，然後以很豪氣的語調說：「你找不到再告訴我，我再幫你當吧！」

我激賞的看著他：「哇！您真是令人敬佩呀！願意在退休前的這幾年，讓年輕人來當，利用您還在校，由您當顧問來培育新人，您真是太大氣，太令人敬佩了。我一定要在校務會議上，把您的想法說給大家聽，大家一定會很感動的。」

他點頭答應，眼神淨是一派得意。

走的時候，還再提醒我一次：「你找不到，再告訴我，我一定會幫你當的。」

當晚我開著車回家，我搖下車窗，讓晚風把我的頭髮吹散了，心裡的鬱悶也跟著散了，那晚的夜色好美好美。

一名家長以有威嚴的大聲量問我：
「聽說你要所有學生都上第八節輔導課？是嗎？」
我想該來的還是來了，果然有家長反對。

上輔導課的風波

「我要在校務會議上，懇求大家，幫孩子們上第八堂課。不管老師是不是很不爽。」

我與雲聊到這件事。

她笑說我以前老說孩子上太多課，應該讓孩子跑一跑、跳一跳。「怎麼換了位置，就換了腦袋？」

我苦笑著告訴她：「地域不同、學生家庭背景不同，我的確必須換一個腦袋，不然會幫不了孩子。」

老師們的奚落

一開始，我到宏仁國中便發現有許多學生抽菸、打架。四點放學後，因為他們沒錢到補習班上課，家長又忙於工作，沒回家，所以他們不是躲在圍牆邊、巷弄裡輪流抽一根菸（因為窮），便是在電動玩具店，站在一旁，「看」別人打電動（還是因為窮），再不然便是成群結隊在馬路上晃。

看到他們早早放學後的這般情況，因此，去年我便提出來希望把孩子留到五點鐘，但受到老師們奚落，要我別把中興的壞習慣帶到宏仁國中，後來找了彰師大的教授，利用週末假期來幫孩子補救教學。一學期過去，大家都看出成效了。

因此，我在校務會議上誠懇的請求。我告訴大家，**宏中的每個學生都是我們的孩子**，我們不能老請外人來帶。

彰師大有情有義的帶了一學期，無論是人力或資源上都已給我們太多，該是我們要自立自強的時候了，然後，我結結實實把另一所學校家長嘲笑我們的事情講給大家聽。

你們怎麼能忍受？

「我這個外來的人都受不了了。你們本地的人，怎能忍受他人羞辱？你們怎能忍受去買菜時，遭人批評：『你們宏中好爛』？」

我看到大家無言，於是我激勵大家：「我們埔里有三所國中，不要老甘願當老三了，我們拚拚看。如果能贏過其中一所學校，我自己花錢，請全部教職員工兩天一夜旅遊。明年此時，我們到外地慶功。」

我以為他們又要反對，但我說完，詢問大家有沒有意見，底下一片靜默。

然後我看到一位老師舉手，是周玉明老師。他是一位國文老師，有很高的國文造詣，說話慢條斯理的像個老學究：「校長，我有一個建議。」

我心想，終究還是有人有意見。沒關係，我見招拆招吧！

「我的建議呢！就是校長這麼和藹可親，我們在開會時坐得太遠了，應該離校長近一點。」

他說完，我整個人只能說有些傻眼，不過，會場上響起一片笑聲，會議也在愉悅氣氛中結束。

我最頭痛的問題

結束後，我又請朋友再送外燴來，讓大家邊吃邊聊天。

「校長，我們的孩子習慣四點放學，不習慣上那麼多的課。上第八節課，等於是白上。」有人跑來與我這麼說。

我說：「他們即便只背一個英文單字、一首詩，一個月就記住二十二個英文單字，或二十二首詩，怎會白上？」

「他們根本繳不起費用，輔導費從哪裡來？」有人提出一個最關鍵，讓我最頭痛的問題。

我笑一笑，樂觀的回答他們：「一學期結束才結算輔導費。我會想到辦法的。」

「你不怕家長告你，說你硬要他們留下來嗎？」也有人為我設想，提出這個問題。我說：「只要家長知道我的用心，應該不會反對。而且，我並沒有強迫，只要有理由、有原因的都可以不用留下來上呀！最重要的是，我不收錢，讓他們上課，教育部如何懲處我？應該是獎勵我吧！」

我見招拆招的回答，讓他們不再有問題，大家終於決定都留下來協助學生，不分彼此。

為鐘點費傷透腦筋

教務主任很是高興，但他還是提醒我：「鐘點費很驚人喔。」

那天晚上，我與丈夫商量：「讓我拿房子抵押貸款，我想測試一下人性。如果我把老師的鐘點費放在紅包袋，親手交給老師時，誠懇的說：『XX老師：這是您的鐘點費，我去貸款來的，請收下。』他們看到我顫抖的手，收得下嗎？」我對丈夫說出我想像的那個畫面。

他笑我一番，並說老師上課拿鐘點費又沒錯，「喔！校長，你辛苦了，謝謝你喔！」「如果老師們都這麼說，你該如何？」丈夫拋了一個問題給我。

「喔！對喔！我倒沒想到這個。沒關係，我就先找幾位正直之士，先跟他們套好招，當我拿給他們時，讓他們大聲喊：『校長，這怎麼行？這怎麼行？怎麼讓你貸款給我們錢？宏中的學生都是我們的孩子呀！我們拿錢就太沒愛心、太不道德了。』」我又演又說的讓丈夫笑翻了。

「這樣一嚷嚷，誰還敢拿錢？」我是如此肯定。

天大的誤會

孩子如期上第八節課了，也沒老師再抱怨上課的事情，看似一切平靜，但兩個月後，我便接到電話。

一名家長以有威嚴的大聲量問我：「聽說你要所有學生都上第八節輔導課，是嗎？」

我想該來的還是來了，果然有家長反對。

我本來冷靜的回答他：「是的，對不起，我必須留下他們。」

但講完這幾句話，一股氣上來，我居然上火了，忍不住開始分析學校孩子的情況：「他們只會在外面晃蕩，浪費時間，家裡又沒像樣的書房讀書。你不覺得讓他們留在學校，多少可以讀點書，對他們是好的嗎？」

我大氣沒喘一下，繼續說下去：「你不知道我得為他們的輔導費貸款，多頭痛嗎？沒關係，你要去教育部告就告吧！我讓大家評評理，哪一所學校是由校長貸款給學生讀書，還遭家長反對的？」

我劈哩啪啦講完，一股氣才發洩光。對方停了幾秒，才悠悠的說：「我就是覺得你做得很對，所以才打電話要告訴你，我們要贊助你經費。」

他說完，換我停頓了幾秒。

「請問您是哪個單位的？」我轉換了溫柔的聲音，並驚喜的謝謝他。

原來是社區的地母廟董事長聽聞我的做法要出手相助。老人家耳力較差，聲音較大，我誤以為是來找碴的。

真──真是誤會大了！

董事長誇我做了正確的事。

從那一天開始，宏仁國中貧窮的孩子接受地母廟眾神的幫助。

那一天，我得意的告訴丈夫：「我獲得幫助，不用貸款了。」

他問：「是哪個好心人？」

阿彌陀佛！是神啦！

「今天，我到某校共同處理跨校的學生事務，他們居然嘲弄說：『宏仁國中沒有男人嗎？怎麼找你當訓導主任呀！你會處理嗎？』」

他們是亂源嗎？

「校長，你確定要用我嗎？」

第一學期結束，輔導主任退休。我找淑娥來接任時，她便問我這一句話。

我點點頭，很確定的說：「沒錯。」

她第二句話是：「可是我沒經驗耶！」

我告訴她，沒有任何一個人一開始就有經驗的。

我篤定的告訴她：「我可以教你。」

一個學期過去，證明我沒看錯人。

大膽起用「亂源」？

現在，我要她換跑道，接訓導主任。

她還是問我這兩句話，我也是很篤定的告訴她：「我可以教你。」

一位也在教育界的朋友曾經好意地告訴我，在宏仁國中有哪些人意見特多，是學校的亂源。

我告訴她：「有意見是好事，代表有想法。敢表達，更是好事，代表有熱忱。」我最怕的是那種鄉愿型的人，更怕的是表面溫和、沒意見，背地裡卻搞三拈四，以破壞為樂的人。

那時，那位朋友給的名單裡便有淑娥這一號人物。

我到宏仁國中後，會利用巡堂時間，經過老師辦公室，然後進去與大家聊聊，藉以觀察他們、了解他們。

我發現「亂源」名單中的那些老師，居然都是非常優秀且孚眾望的人。尤其是淑娥，個性低調、認真負責、不推諉、不卸責，是難能可貴的行政人才，因此我毫不加思索的請她擔任。

有人勸我要用一個毫無經驗的人是件很冒險的事，我卻認為有行政的人格特質，且願意學習的人，更勝於那些有經驗，卻把它當成做官，毫無熱情的人。

眾人錯愕

「校長，你在校務會議宣布，淑娥擔任訓導主任時，大家都有些詫異，尤其是訓導主任更詫異。」有同仁告訴我，他所聽到及觀察到的現象。

我腦海裡，立刻浮現出訓導主任得意的神情：「我想你是找不到人願意當訓導主任的。」「你找不到再告訴我，我一定會幫你當的。」

我可以想像，他一定相當錯愕。現今大家都不願意擔任行政工作，尤其是擔任訓導主任，更尤其是宏仁國中的訓導主任。連男人都不願意擔任時，竟然跑出來一個淑娥這個小女子有勇氣敢擔任，他自然錯愕到無以復加。

因此在會議中，我大力誇讚訓導主任張主任願意在退休前，擔任顧問的角色，協助培訓新人。如此大器，讓人折服。

我請大家給他最熱烈掌聲時，他站起來答禮，臉上的確有驕傲、得意的表情，但這表情下似乎也藏著些什麼，感覺怪怪的。

「或許在為淑娥擔憂吧！」我是這麼解讀。

果真沒錯，張主任為淑娥擔憂。

「不要讓她嚇到了，折損了一名訓導人才。」所以在盡可能的情況下，他幾乎不加推辭的幫忙到底。

「校長，你以前也是訓導主任出身，你應該知道女人要當訓導主任比較會受到質疑，不好當呀！所以我更應該幫忙淑娥。」當我謝謝張主任時，他有感的說了這番話。

他的話一點也沒錯。女人擔任輔導主任，似乎沒人會懷疑，但擔任訓導主任，便要受到許多不信任的質疑。

平息嘲弄的最好方法

張主任說完沒多久，淑娥就受到挑戰了。

「今天，我到某校共同處理跨校的學生事務，他們居然嘲弄說：『宏仁國中沒有男人嗎？怎麼找你當訓導主任呀！你會處理嗎？』」

一天，淑娥從某校回來，說起遇到這件讓人聽了都氣憤填膺的事。

旁邊的同事紛紛為她打抱不平，她卻依然一派悠閒自在。

「別急！別急！」她要大家繼續聽下去。

淑娥開始說她處理的經過。從問話、了解事情始末，到兩校協商、家長懇談，達成共識。

她一邊說，一邊看我的反應。說完後，問我的看法。

「他們應該要開始找女人當訓導主任了。」我說出這個結語時，大家都笑翻了。

我看到淑娥眼中有一抹驕傲。

「不過，下一次，你不要太客氣。今天要我遇到了，我就會這麼回他：『因為我知道你們不太會處理，所以我來處理給你們看。看好！多學學呀！』」我教淑娥如此回答。

她聳聳肩：「校長，我不敢這麼說，那麼犀利的話，只有你有本事講。你才有那股霸氣。」

她一說完，大家看著她，不敢吭聲。

我故意抗議的說：「我很和藹可親的。」沒想到我一說這話，大家又笑翻了。

那天，我回家，在鏡子前足足照了一小時，問著：「魔鏡，魔鏡，誰是世界上最霸氣的人？」

我看到了自己。

真正的亂源

「聽說你讓那些有爭議的人擔任行政人員，他們行嗎？」曾經提醒我的那位教育界人士後來問起。

我告訴她，這些老師有多優秀，有多認真！

她很詫異的問我：「你怎麼敢用這些亂源？你不怕嗎？」

其實，我發現我們身旁總有一些「好心的人」給予「好心的建議」。這些建議或許會造成一些成見，阻擋我們看到真相。因此，我通常對這些建議持保留的看法。我總想：每個人用人的方式與準則是不一樣的，或許有些人不喜歡意見太多的人，但我卻喜歡；有人不喜歡跳tone的做事方式，我卻喜歡不按牌理出牌。所以，我笑一笑，不想與她再說下去。

「我跟你說，你們學校有一位老師……」

她又要再說另一個人，我制止她再說下去。

「就讓我自己去發掘亂源吧！」我這麼對她說，但我心裡清楚真正的亂源在哪裡。

它在你的心裡，它在你的舌頭裡。

淑娥當時問我：「法院公文寫明我們不能拒收，怎麼辦？」
我告訴她，這樣的孩子絕不能拒收，
他不能再承擔被拒絕的人生了。

辦理舞蹈比賽

「校長，我們為什麼要承辦全縣的活動？會忙死人的。」

總務處提出他們的質疑。

背後的苦心與用意

記得一開始教育局社教課長詢問我，能不能協助辦理全縣舞蹈比賽時，我二話不說，立即答應。

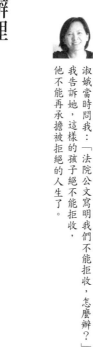

我答應的原因，不在於拍馬屁，更不在於貪著記功、嘉獎，而是一個重大的原因——趁機要求禮堂設備的更新。

「這是全縣性的比賽，而且又都是聘請教授來擔任評審，舞台上的布幕破舊不堪，應該換一換才好看吧！不然很丟臉耶。」

我一提出這些需求，課長有一種上了賊船的為難：「那要花多少錢呀！」

「反正遲早我也會向縣府請求協助更新布幕，不如你先讓我們更新。我可以幫你辦三年比賽，而且是保證有水準、服務周到的比賽。」我極力說服課長，她終於點了頭。

退休老師「返校服務」

總務處知道後沒話可說，但教務處卻擔憂調用老師擔任工作人員，會影響到教學。

「除了訓導處幾位行政人員外，我不會動用到任何老師。」我這麼承諾。

「校長，我們才三位組長，怎麼辦這麼大型的活動？」訓導主任也擔憂了。

我向她眨眨眼，要她放心。

其實，在我答應辦理比賽後，我便拜託退休的瓊香老師，幫我邀請所有宏中的退休教職員工到校聯誼。

我準備了一些茶點，並趁機報告，改造宏仁國中的計畫。

「如果說我需要各位回來幫我忙，讓宏中再度發光。您們又可以闡揚退休菁英、風華再現的真諦，各位願意回娘家幫幫忙嗎？」

宏中的退休教職員工出乎我預料外的熱情。一個個不但點頭答應，還謝謝我願意給他們機會「返校服務」。

因此，我要淑娥針對退休老師特性安排：報到組、計時組、播音組、場布組、環保組、計分組、頒獎組……然後進行彩排、預演。

大家興致高昂，從出場到退場、從叫號到計時，一項項彩排、訂正。這些退休老師們求好心切的表現，讓我感動莫名。

「我們宏中第一次辦大型比賽，不能丟臉。來，再預演一遍。」冉老師一喊，大家又開始精神抖擻的彩排。

自費買POLO衫

看他們如此認真，務求盡善盡美，我也想到，為了讓參加比賽的人員，能立刻辨認工作人員，我自費買給每位工作夥伴一件POLO衫，還請美術老師昭伶幫忙，在衣服上設計了一個「宏運當頭」的標誌。

期望宏中「宏運當頭」呀！

比賽當天，這些加起來一千多歲的工作人員，驚豔全場，大家都在問：「他們是誰？義工嗎？怎麼這麼專業？」

「校長，大家都在問我們是誰，是哪來的家長義工？」

充滿活力的美圓姊，完全看不出已近六十。她得意的告訴大家：「我們是退休菁英。」

「教授知道我們是退休老師，都很佩服喔！他們說我們是歷屆最優的工作人員。」邱正已老師很是得意。

大家你一言我一語的，個個活像年輕小夥子、小姑娘般，興奮得很哪！

明年還會再來

第一天順利比賽結束，我們請評審教授及工作人員吃晚餐，大家聊得好高興。

「南投縣路途遙遠、評審時數最長、給的評審費又最低，許多評審一聽到南投縣邀請，都拒絕的。但如果南投縣明年還是由宏仁國中辦理比賽，我們明年還會再來。」李英秀教授豪邁的許下承諾。

教育局課長很好奇的問為什麼。

「因為感動。」李英秀教授此話一出，大家都頻頻點頭。

他們感動於事前的提醒很周到，「要不要到火車站接送？幾點到？需要準備晚餐嗎？」熱情的詢問，讓他們有了期待。

前一天，他們從台北到埔里，歷經近五小時的車程疲累，一進入飯店，鄉下的飯店除了清潔、乾淨外，本就沒什麼可令人期待，但他們進入後，讓他們疲累盡失，因為「房間梳妝台上放著一張精緻卡片，有溫馨的問候與歡迎，卡片旁還有一小碟點心及水果，除此之外，竟然還有校長精選的小禮物，啊！真是驚喜連連！」麥秀英教授很是感動的形容。

第一天比賽，看到退休老師精神抖擻回校服務，每個人都笑咪咪的。「是最沒有肅殺氣氛、最快樂的比賽場。」李英秀教授說到我們的服務及貼心處，讓他們感動莫名。

我說那些都沒花到錢，因為都是家長及朋友提供的。

「你辦活動，我贊助。」我的朋友們及家長就是這麼說的，他們贊助的熱情讓我也好感動。另外，也多虧飯店肯幫忙，讓我們先進去布置，才能帶給入住的教授驚喜與感動。

多少年沒叫過媽媽了

「對了，今天在會場幫忙拖地的那名小男生，好可愛喔！」

麥秀英教授一提到阿雄，李英秀教授也趕緊呼應：「對呀！你們知道嗎？他拖地時，還偷偷對我比了個耶的手勢，看到訓導主任的眼神，才趕緊拖過去。」

我聽到她們形容，忍不住笑了出來。「訓導主任是他的阿母呀！他最聽主任的話囉！」

我說起阿雄的故事給他們聽。阿雄上有一兄一姊，在阿雄就讀幼稚園時，親眼看到父親殺死了母親。父親被抓後，叔叔及阿姨都因為家境不佳，無法撫養他們，他們被送到孤兒院。

到孤兒院後，因為不適應，他們三個兄弟姊妹常常與他人爭吵，甚至打架。可能是為了避免他們再吵下去，他們三人被分送到不同場所，但這樣做，並未能讓他們安靜下來。

阿雄開始鬧事、打架。藉著打架，他發洩自身的怒氣與對社會的不滿。他因為鬧事就被一個單位換過一個單位，今年他被送來了我校。

淑娥當時問我：「法院公文寫明我們不能拒收，怎麼辦？」

我告訴她，這樣的孩子絕不能拒收，他不能再承擔被拒絕的人生了。

那孩子進來後，淑娥讓他到訓導處擔任小義工。表面上是給他榮譽心，實質上是就近看管。

阿雄剛來時斜眼看人，沒有自信，又充滿憤怒，但跟著淑娥，跟著大家呼叫淑娥「鄭媽」，他慢慢改變了，臉上的殺氣愈來愈少了。

「有一回，我問他：『你叫鄭主任媽媽，也叫我媽媽，我們有沒有不一樣？』你們知道他怎麼回答嗎？」大家聽到這裡，很好奇的問我答案。

「他說：『你們一個是鄉下媽媽，一個是都市媽媽。你是都市媽媽，你比較漂亮。』」我一說到這裡，大家都笑翻了。

我得意的說：「當場我就告訴阿雄：『聰明，你真的很聰明，將來前途無可限量呀！』」大家一聽又笑得更厲害。

「這樣的孩子，多少年沒叫過媽媽了。現在都把訓導主任鄭淑娥當成媽媽，跟前跟後的，而且更妙的是，他後來不跟著大家叫鄭媽，都叫淑娥『阿母』。一聲聲阿母、阿母，彷彿要把十年沒叫的都補叫回來，聽來很親切，但也很傷感。」

我說到這裡，淑娥已然紅了眼眶，許多退休老師及教授也跟著感動、哽咽。

把自己的費用捐出來

第二天比賽結束，圓滿落幕，李英秀教授偷偷把我叫到一旁，「這是要捐給學校的一點錢，你處理。」

她把兩天的評審費原封不動的要捐出來。

我在推辭之際，麥秀英教授看到了，也把自己的費用拿出來捐。

兩袋評審費、兩位貴人、兩份恩情，還有滿滿兩份支持的力量。

在揮手告別時，他們打開車窗大聲說：「明年我們還會再來。」

學校列隊歡送的同仁也大聲呼叫：「明年再見，一定要再來喔！」

我在心裡也呼喚著：「請您們明年一定要來。我要讓你們看到不一樣的宏仁。」

附註：兩年後，我寫了一篇阿雄的故事。

前年，我學校接受了特殊單位轉來的一位孩子，這名孩子因為父親吸毒殺死母親而入獄服刑。他從幼稚園開始便被送入特殊機構，或許因為這樣的背景，他極需別人的關愛，但因為他以暴力或其他不良行為來吸引人注意，反而讓他成為機構的頭痛人物，而被送來送去，當他被送來我的學校時，已經數不清是第幾所學校了，不過他來到我學校後卻完全改變了。

我觀察他改變的原因在於：他很幸運的有兩名非常有耐心、愛心的社工員在關心他，而讓他逐日改變最重要的人，是我學校的學務主任。我的學務主任具有母親的特質，她叫學生「孩子」，而學生也直接喊她「阿母」或「鄭媽」，這個稱呼對這個從幼稚園起就沒喊過媽媽的孩子特別有意義。

充滿愛心的鄭主任經常帶他做義工，從工作中鼓勵他、關心他。他喜歡繞著主任喊一聲聲「阿母」、「阿母」，而他參加體育社團，體育組侯老師也給予期許，鼓勵他參加比賽，爭取加分，進而進入國立高中職就讀。就這樣，一兩年下來，他在學校中只有獎勵，沒有記過。

這個孩子告訴我，他的阿姨看他改變，決定要資助他讀高中。他表示要用功讀書，考上國立高職，以減輕阿姨的經濟壓力。他很高興有人要接他離開機構，他喜形於色，並說出了他的感慨：「校長，我以前為什麼那麼壞？來宏仁後，我就變了。」「因為你生活在愛的園地呀！有你的社工乾爹關心你、阿母主任愛你，還有那麼多的老師都說你好，你當然會變呀！」他聽了我的回答，正吃著我請他吃的麻糬，不知是噎著，還是感動，他咳得眼淚都流出來了。

想想看以前的陳進興，許多人說，如果社會少一個他，就可以省下幾億元的社會成本，因此，我們站在教育第一線，都戰戰兢兢努力關心孩子，只是我們沒有那麼大的力量，可以改變孩子們的家庭，或是社會的型態，但如果能集結大家的力量，一定可以帶給孩子幫助，進而改變他們的一生。

這學期，我在校園中垂掛了許多大布條，上面只有幾個大字「我能做什麼?!」每天學校的師生都在問，這要做什麼，來運動的民眾也一樣問。

其實，答案就在自己心中，我能為自己做什麼？我能為他人做什麼？我能為社會做什麼？……想想多少家境悲慘的孩子，可能存在社會的許多陰暗角落裡，我們能做什麼呢？

幫忙設計圖書室的學弟說：
「學姊，三十萬已是最少的了。」
我搖搖頭，告訴學弟，必須少一個零。

把「倉庫」變成圖書館

上回，做好木頭階梯，孩子們便一直問我，還要做什麼。

即使，我讓他們休息休息，他們也不願意。在他們畢業前，還做了休閒桌椅。

「三年級的學長畢業前有做階梯、休閒椅，現在換我們變成學長了，我們也想做大件的東西。」孩子們來跟我要求。

「好吧！既然你們想做大件的，這件一定是有史以來超大件的，就怕你們做不了。」

孩子們聽到我敘述的，眼睛睜得好大、好亮，一副「我現在要出征、我現在要出征」的模樣。

「校長媽媽，你不要瞧不起我們。我們畢業前，一定做給你看。」他們很慎重、很堅決的許下承諾。

深深的挫敗感

我帶他們到行政樓一樓，掛著圖書室的教室看。他們都說這是置物間、是倉庫，根本不是圖書室。

孩子的談論讓我感慨萬分。

我到宏仁當校長後，一直期許自己能當一名具有人文素養的校長，更期許自己要將藝術、人文的種子撒在校園裡，因此生活教育及各項活動幾乎都圍繞在這個議題上，但這樣的主張，卻因圖書室而有著深深的挫敗感。

學校的圖書室位處行政大樓的入口處，面對綠油油的草地，配上紅土跑道的四百公尺大操場，原是絕佳的位置，但圖書室內卻儼然像個雜物間。

老舊的鐵製書架擺放毫無章法外，還擺著無用的辦公鐵櫃、多年的段考考卷等，因為雜亂，所以見不到師生在裡面閱讀的畫面。深鎖的窗戶，讓圖書室成了學校的陰暗角落。

「校長，學生又不會進去裡面借書，為什麼要花錢整理圖書室？」當我提出要整理圖書室時，便有老師如此提醒我。

「要整理，恐怕要花很長的時間不說，學校也沒有經費。」也有老師提出這樣實際的困難點。

我以「沒有一個好的圖書室，就沒有文化」為主軸讓老師明白，提供一個良好的閱讀場所是學校的責任，再以「沒錢，就以雙手來克服困難，師生親自打造家園更有意義」，激勵老師們一起想辦法，解決困難。

為此，我特地找了一名學建築的學弟，請他幫我設計。

必須少一個零

「設計的重點是可以讓我們木工的孩子做得來的，而且不能花太多錢的。」

學弟說這是他遇到最難的設計案。

「學姊，三十萬已是最少的了。」

我搖搖頭，告訴學弟，必須少一個零。

學弟把圖交給我，祝福我在離開宏仁前可以完成。他認為這是天方夜譚。

「寶貝，能把倉庫變成圖書室，你們就能在宏中的歷史上留名了。要不要試試？」

孩子們想了想，你看我，我看你的，最後都用力點了頭。

於是，我們決定由老師們利用課餘時間，或班會剩餘時間，帶領學生先整理雜物，讓書架歸定位後，終於有了雛形，然後，再由三年級技藝職群選修木工的孩子們負責釘製木板，強化鐵製書架兩側，並製作閱讀桌。

「問題是，校長，你堅持要用柚木原木，那很貴，我們沒錢。木頭從哪裡來呢？」金豐說要指導學生製作不成問題，真正的問題還是在金錢。

我笑一笑，說：「那不是你該煩惱的。」

圖書室裡有我們的汗水喔

我想到去年到埔里國小演講時，有一名家長來找我詢問我親子問題的解決方法。花費了近一個月的時間，我協助他們改善了親子關係。

當時他們提過是做木工家具及各項木器品，於是我打了通電話，希望藉由他們大量購買可以比較便宜些。

「校長，那不可能的，國中學生怎麼可能做得來？」

尤董事長一聽，馬上笑著說，怕我們浪費了木材。

「等我們做好後，一定請你來看看。」我要他別笑在先，因為我絕對會讓他瞠目結舌的。

「校長，你對學生很有信心喔！」尤董這麼說我。

「孩子值得我們等待。」我笑著與他相約見面的一天。

孩子們除了上選修課程出來做外，還很認真的利用下課及午休的時間到木工教室「加班」。

「校長，圖書室裡有我們的汗水喔！」不愛讀書，但做木工卻一流的孩子，在鎖上書架螺絲釘後，如此驕傲的對我說。

我點點頭告訴他：「這是你一輩子的驕傲喔！」

一個孩子故作老氣的說：「校長，你說我們學校像大家庭，現在我們親手打造我們的家園耶！」

其他的孩子聽到都高興的笑了。他們的笑容裡，有著一般學業低成就的孩子臉上見不到的驕傲。

花費幾個月的時間，我們的圖書室終於整治完成。

孩子有無限可能

大家雀躍的說，我們有全世界最有氣質、最美麗的圖書室。當然，我們知道絕對比不上他校的華麗，但因為是師生親手打造的，所以它在我們心中風華絕代。

「來幫孩子們辦一個啟用典禮吧！」我開始尋訪社區資源，不做募款，只談借用藝文作品配合展覽。

社區人士知道我們的用心後，有人捐助窗簾，也有人捐出雕刻作品、書法、繪畫等作品。另外，我也一一邀請社區民意代表、學區小學校長、平面媒體及地方電視台記者們，當然也邀請曾經質疑的尤董事長，「請給孩子鼓勵，對他們說一句：『你們好棒喔！』」大家一聽，都答應一定會來。

「校長媽媽，我們不會說啦！」孩子知道我要他們當解說員，還要他們接受訪問，嚇壞了的說不敢。

「這是你們做的，只有你們懂。當然，要由你們來說，不用怕。講錯了，也沒人聽得懂的。」我開玩笑的給他們信心。

「這怎麼可能？」尤董事長原本帶著懷疑的心情來參加，但當他來到現場觸摸著書架及書桌，頻頻說：「怎麼可能？」

我回他一句老話：「孩子有無限可能。」

我看到正接受地方電視台訪問的阿力。平日站三七步，永遠不會挺直腰桿的孩子，此際卻站得挺直，還努力、正經八百的說：「我很高興參與整理圖書室的工作……」四周的賓客用驚訝的聲音，誇讚著在解說的孩子。剎那間，孩子個個文質彬彬。他們變了，真的變了。

我看著、聽著，眼眶紅了，淚就這麼掉下來了。

我的名字叫「寶貝」

「各位，請坐下，我有一份禮物要送給這些孩子。」

賓客們聽到我招呼都坐下來，孩子們也興奮的聚過來。我開始播放我為孩子們製作的簡報「我們的故事」。

我們的故事

有些人叫我們是後段班學生，

也有些人叫我們是技藝班學生，

或許口氣中有些歧視，

或許語氣中有些可憐，
有人認為我們功課不佳、學習力差，
有人認為我們品行不佳、有中輟之虞。
大家談起我們，
唉！都認為我們是學校的邊緣人，
但是我們真的一無是處嗎？我們真的是學校的痛處嗎？
請看我們的故事。
我是誰？我是誰？
你看我有多酷！哪一個國中生會木工？
哪一所國中的圖書館是學生整修完成的？
拿著工具，我們仔細的用原木整修破舊的鐵書架，
敲敲打打，將長年失修的書架換上新裝，
釘上釘子，掛上圖畫，
圖書館的生命在我們的手中甦醒。
我是誰？我是誰？
你看我多帥，我是一個藝術師。

我用我的手、用我的心，
把我的世界妝點得繽紛多彩，
把我的青春揮灑得亮麗耀眼。
我大聲的歡笑，我盡情的奔跑。
在宏仁的大家庭中，
你可以不知道我叫阿志、阿仁、阿勇，
或是任何名字，
只要你像校長一樣喊我一聲「寶貝」，
或像老師一樣喊我一聲「孩子」，
我都會欣然回答。
但請不要叫我後段班學生，
或是放牛班學生，
請記住，我的名字叫「寶貝」，
我的名字叫「寶貝」。

簡報中，有他們整理圖書室過程的相片，孩子們一陣陣驚喜。

當我唸到：「在宏仁的大家庭中，你可以不知道我叫阿志、阿仁、阿勇，或是任何名字。只要你像校長一樣喊我一聲『寶貝』，或像老師一樣喊我一聲『孩子』，我都會欣然回答。但請不要叫我後段班學生，或是放牛班學生。請記住，我的名字叫『寶貝』，我的名字叫『寶貝』。」

孩子們不是靜默，便是哽咽，而賓客中已有人忍不住啜泣。

那一天，大家都清楚，孩子們的名字就叫「寶貝」。

家長會風波

那一天，我與所有行政同仁要求：
「不准向家長會拿錢。我們節儉點，若真需要錢的話找我。」
行政同仁以為我和家長會嘔氣，勸我：「有需要這樣嗎？」

「校長，你應該帶著行政人員，每月向我們家長會報告一次吧！」一名副會長對我提出如此的要求。

我不解的問他：「為什麼要每個月一次？」

他下巴抬得高高的，很得意、很跩的回我：「我們一年捐了二、三十萬給學校，難道你們不用來跟我們報告嗎？」

提到二、三十萬元，他的氣燄立即高了起來。

我忍下憤怒。心想他是我宏中大家庭的家人，他不懂事，我是大家長，就應該教他。

親情喊話

因此，我心平氣和的分析給他聽：「在私立學校裡，校長必須向董事會負責，所以有可能要向董事會報告，但也不可能每個月報告。我們不是私立學校，你們也不是董事會，所以，依理我不必要每個月向你們報告。其實，就算教育局長，也不會有事沒事找我們去報告。」

我說到這裡，他的臉色已然鐵青。

我轉而改以親情喊話的方式，繼續說下去：「我們都是宏中大家庭的成員，我一直把你們當成弟弟妹妹。我們的目標都是讓宏中更好，讓孩子們在學校裡可以快快樂樂的學習。謝謝你們捐款助學，你們一定也很想知道學校的狀況，才會提出這樣的要求。這都怪我沒能和你們多互動，因為我要成立各種技藝社團，讓學習成就差的孩子可以學習技藝技能，所以需要到外面募集物資及經費，一年需要數百萬元呢！當然，如果你們可以幫我募集到那些，我就可以不用那麼累，或許就可以經常與你們聚會了。」

他睜大眼說：「要那麼多錢喔！」

我點點頭。隨意舉了幾項社團的經費，便讓他瞠目結舌。

末了，他不但謝謝我為孩子所做的努力，還說要幫我募款。

用心良苦

那一天，我回到學校，便與所有行政同仁要求：「不准向家長會拿錢。我們節儉點，若真需要錢的話找我。」

行政同仁以為我只是和家長會嘔氣，勸我：「有需要這樣嗎？」

「一般家長會，以為我們只會向他們要錢，或許真的有許多學校與家長會的關係建立在金錢上，因此讓他們有那種不佳的觀感、錯誤的想法。我就是想要扭轉這種情況，讓他們知道，不能因為捐了點錢，就可以對學校無理要求；也要讓他們知道，學校不是只為了要錢才找他們，這樣子，往後大家才能真正用心相處。」

從那時候開始，我努力的和家長會互動，但從不談錢，只談目前孩子們的學習狀況、老師們的教學情況，還有校園裡的感人事情，更談我對學校的規劃及想法。

「校長，我看學校行政大樓都沒有紗窗，家長會來幫忙裝一裝吧！」一天，會長如此提議。

「不行，那該是我的責任，你們把錢留給孩子們用吧！」

當我回絕後，行政人員很不解我為何要回絕：「是他們自己提議的，又不是我們要求的。」

我告訴他們時間未到，我有我的規劃。

我的理念，成為家長會的理念

畢業典禮前，會長來找我：「校長，畢業典禮結束是否該辦個謝師宴？」

「對呀！正想拜託你幫忙邀請委員們呢！我已訂好外燴，要宴請所有的教職員工、參加的貴賓，當然，還有家長委員們，你們一定要捧場喔！」

我一說完，會長為難的說：「校長，怎麼又讓你花錢？我們的委員已經有人在質疑，為什麼一整年家長會一毛錢也沒花？九月開家長委員大會時，我們怎麼和家長委員交代？」

「那也是，好為難喔！明明你們很用心的，到最後可能為了這個而招致非議。」我裝作一副很為他們煩惱的樣子，實則心裡竊喜：

終—於—讓—我—等—到—了。

畢業典禮餐會時，來了許多委員，圍繞著我，問該怎麼辦。

「我認真的想了想，圖書室樓上應該整理成閱覽室，這樣子好了，乾脆由家長會找人裝修一下。」我把早就準備好的閱覽室的裝修設計圖拿出來。

委員們一看，喜形於色。

閱覽室裝修好了之後，小型會議都在那裡舉行，溫馨而簡約的閱覽室成了家長委員會的驕傲。

他們驕傲的說：「我們沒把錢花在吃飯上。與其吃吃喝喝，還不如把錢省下來，幫孩子、幫學校建設。」

這些話好熟悉呀！原來我說的話、我的理念，已成了他們的驕傲、他們的理念，我高興得想大叫：

我—的—目—的—達—到—了—！

真正的一家人

從那次後，宏中的家長會與我們真正成了家人。我們談的除了孩子，還是孩子；除了學校，還是學校。

一起奮鬥過來的家長委員，一起見證過宏中成長的家長，見面時互喊一聲「同志」，或者聽到他們喊我一聲「大姊」。

我知道當年的努力與堅持，讓我獲得了真正的家人，一群很棒很棒的家人。

「疼嗎？」我指著孩子因為練習拔河而磨破皮的地方問。孩子搖搖頭：「剛開始的時候會痛，現在已不會了。老師說要贏，就要不怕苦、不怕痛。」

孩子贏得比賽，卻是我煩惱的開始

這一年，氣候很不正常，雨下個沒完沒了，感覺人都快發霉了。下班時到朋友家喝茶，接到金豐的邀約：「校長，拔河隊的孩子在林口體育館比賽，要不要來加油打氣？」

我還遲疑未答，金豐已敏感的說：「沒關係。校長，你忙的話，沒關係，我會跟孩子們表達校長關心之意。」

我告訴朋友電話內容。朋友笑著說：「我一向鐵口直斷。你去的話，他們穩拿第一名。你不去，就沒希望了。」

第二天，大雨滂沱中，訓導主任淑娥載我前去。不是為了朋友的鐵口直斷，只是為了不讓孩子們失望。

路途中，我問孩子的勝算多少。淑娥說在南投縣的比賽，我們一直贏不了同富國中。現在參加全國比賽，應該也是勝算不大。

我笑著把朋友說的話告訴她。

她興奮的說：「等一下，就可以知道你朋友是否真的鐵口直斷。」

孩子，有一雙做粗活的手

孩子看到我，很興奮的叫呀跳。

我一問：「成績如何？」

他們便安靜了下來。

「輸了啦！」指導教練金豐一提，孩子頭都低了下來。

「不過，等一下我們還有敗部復活賽，還有翻身的機會。」

我聽金豐這一說明，順勢鼓勵孩子：「做黑馬比較沒壓力，贏一場是一場，放手一搏吧！」

孩子們一場一場的拉，臉上漲紅，脖子青筋浮現了。

我想到平日放學後，在禮堂角落努力練習的身影。一名孩子曾伸手給我看他的手。那是一雙做粗活的手，是一雙歷盡滄桑的老手，是磨破皮，再拉、再磨破皮，反覆訓練的結果。

如果那是我的孩子，我怎麼捨得呀！

孩子，不怕疼

「疼嗎？」我指著磨破皮的地方問。

孩子笑一笑，搖搖頭：「剛開始的時候會覺得痛，現在已經不會了。老師說要贏，就要不怕苦、不怕痛。」

一張張充滿希望的笑臉，如今正因使力而扭曲。

臉上斗大汗珠、鬢邊清楚浮現的青筋，嘴上還配合節奏，呼喊著：「嘿—咻—嘿—咻——」

我緊張到心臟急速跳動，趕緊跑到場外，不敢再看下去。

「校長，我們贏了。」

「校長，我們又贏了。」

「校長，我們又贏了，又贏了。」每贏一場，淑娥就跑出來告訴我。

「校長，我們是敗部冠軍囉！等一下要與勝部冠軍比。」

這是什麼爛辦法呀！

大家興奮極了。孩子們累垮在地，若非一股意志力在撐著，怎能連過三關？看看孩子個個累到爆的模樣，再看到對方勝部冠軍，好整以暇在對面做暖身操，我問可以休息多久？能不能明天再比？

金豐搖頭說：「依照比賽辦法，是不行的。」

我氣得脫口而出：「這是什麼爛辦法呀！」

孩子們笑了，似乎又灌進了一點活力。

我趁機告訴他們，以他們出場的次數，在我心中已是第一名了，不過既然辦法是這麼訂的，我們就努力撐過去，不然，前面的比賽多可惜呀！

孩子們低吼一聲：「好。」

又上場了，我又跑到外面，口中唸著：「阿彌陀佛。」

「贏了！贏了！」

我聽到淑娥尖叫，趕緊跑進會場，也對孩子尖叫：「你們好棒！你們好棒！」然後我立即撥電話給會長，告訴他：「我們贏了，我們贏了，冠軍哪！」

金豐用手比一個暫停的手勢。我趕緊結束電話。

「校長，剛才贏的只算是一個證明。證明我們有實力與對方比，等一下，要再比一場，贏了才算冠軍。」

「這是什麼爛辦法呀！怎會這麼不公平？我們的孩子都累垮了呀！這樣對敗部是絕對的不公平……」我嘰哩咕嚕的直嚷著不公平。

孩子們坐在地上看著我。很複雜的眼神，既累，又想奮進；覺得不公，卻無可奈何，還揉雜著想拿第一的複雜眼神。

我好心疼！好心疼！

迪士尼、迪士尼、我來了

「寶貝，都到這時候了，只要撐過去，拿到第一，我們就可以取得代表權，到日本比賽。想去嗎？」

「想。」孩子們用力回答。

「我們要不要到東京迪士尼？」我再問。

「要。」孩子更大聲、更用力的回答。

淑娥聽到了，立即告訴孩子：「等一下不用喊『一、二殺』，我們喊：『迪士尼、迪士尼、我來了。』」

孩子們帶著疲累的身軀，卻是笑著上場比賽，我又跑到外面呼喊：「阿彌陀佛。」或許我呼喊得太用心，沒注意到淑娥來到我身邊。

她凝視我，一字一字的說：

「我—們—要—去—日—本—了。」

我興奮得跑進場子裡，金豐及孩子們興奮得大叫：「我們要去日本了。」我也加入跟著叫。

我打電話給朋友，誇他鐵口直斷真準。

只要募五十萬元？

他恭喜我，然後說：「高興完，就去煩惱錢的事了。」

我掛掉電話後，背脊一陣涼意。問金豐去日本的經費，是否有補助。

他點頭說：「有呀！」

我聽到他的回答，心裡踏實一點，但他接著說：「好像有補助幾千元吧！剩下的都要自籌。」

我馬上有一腳踩空往下墜的感覺，心裡大叫：「不妙！」

「校長，我已經問過了，每個學生大約還需近三萬元。全部都算算，大約要五十萬元左右。你應該只要募五十萬元就好了！」金豐沒有察覺我的苦惱，兀自說著自己事先的計算。

五十萬、五十萬，我就像戲劇裡大喊：「五十萬元」，然後哭泣著唱歌的演員。

我不斷在心裡掙扎著：「好一個昂貴的冠軍呀！」

那天回程，淑娥問我要去哪裡募款。

是呀！要去哪裡募款呀！沒想到這個冠軍帶給我的是如此沉重的喜悅。

我要去哪裡募款呀！

那一天，我拿出畢業同學錄。雖說一打電話，就為了募款，有點莽撞，但為了孩子，我還是打了。

籌款出國，找到金主啦！

「怎麼辦？怎麼辦？」最近主任們見到我，就是問我怎麼辦。要去日本，就得先準備辦護照、上網招標等等工作，但如果錢沒到位，一切都免談，所以金豐每天都要問上一問：「校長，有募到錢嗎？」主任看到我，也要問。若我搖頭，他們接下去的問話，就是這一句：「怎麼辦？」

我要淑娥寫出國比賽計畫，向各級機關尋求協助。

各機關都很熱情贊助，有的給五千，也有的給一萬，最多給兩萬。

大姊看到我的煩惱，因此找到良顯堂文教基金會吳明賢董事長幫忙。他一聽，便捐了十萬元。

看似很多單位贊助，但實則湊合起來，也只有二十萬出頭。

眼看著日期一天天逼近，總務處也有招標的壓力，催著我們趕快決定。

不得已，求助老同學

那一天，沒辦法，我拿出畢業同學錄，開始打電話，找同學捐款。

第一個找到國良。他聽到我募款募得如此艱辛，因此提議我：「聽說我們同學許銘仁在科技業上班，應該比較有錢。給你電話，你打看看吧！」

許銘仁是我國小以至國中的同班同學，從大學畢業後，至今未聯繫。雖說一打電話，就為了募款，有點莽撞，但為了孩子，我還是打了。

許銘仁一聽到，立即答應。

我問他要捐多少，我必須記錄下來，並看看還缺多少。順勢，我也問他可有認識哪一位有錢的同學，可以讓我去募到款項。

他笑著說：「急什麼？明早，我請公司的小姐打電話給你。」

我不放心的告訴他：「我不急不行，因為孩子們很期待，我不能傷了孩子的心。」

他嘆一口氣：「明早會打給你的，我在外面正忙呢！」

掛掉電話，我才想到忘了問他有沒有結婚，孩子生了幾個。萬一，他有家庭的經濟壓力，我貿然的跟他勸募，是否已造成他的壓力？對於剛剛一直急著問他要捐多少，我好懊惱自己的莽撞與無禮。

我的總裁同學

第二天到近午都沒接到電話。午休時間，一通電話打來，問我：「李校長，是嗎？」

我回說：「我是。」

是個很沉穩，卻又不失女人味的聲音：「Michel要我打電話給你。」

我不解的問她：「Michel是誰呀？」

她一聽，有點質疑的問我：「你是李枝桃校長嗎？」

我又回說：「我是呀！」

她的語氣有點不耐煩了：「如果你是李校長，你怎會不認識Michel？」

我按捺下脾氣，請她說出Michel的中文名字。

「哈！原來是許銘仁嘛！你就講中文名字嘛！幹嘛非得講英文名字呢！」

小姐不想再跟我講下去，直接問我：「Michel要捐錢給你。你缺多少？要匯到哪？」

「我們還缺二十五萬，他想捐多少呢？」

我一問，小姐平靜的說：「就二十五萬呀！」

我一聽，眼睛都瞪大了：「小姐，請問他在你們公司是擔任什麼職務？」

「總裁。」小姐的回話讓我的眼睛張得更大了：「請問總裁比董事長還大嗎？」

這一問，小姐笑了出來：「是呀！你快說錢要匯到哪裡？」

一定有很多人幫你的

掛掉電話後，我走下樓，思忖著事情的真實性。

許銘仁的家境並不富裕，大學畢業後，邀他一起擔任教職。我想教職的穩定性，可以改善他家的環境，但他拒絕了，他說他不適合。

這麼些年，我還背負數百萬房貸。他竟由窮小子變成總裁，可能嗎？

「校長，你在想什麼？我們要再去哪裡募款？」淑娥看到我便問募款。

我說：「今天就先休息，等等吧。」

她以為我累了，以她虔誠的宗教信仰安慰我：「你跟觀世音菩薩很有緣，祂會幫你的。」

我笑著把跟許銘仁聯絡上的事情講一遍給她聽。

她邊聽，邊笑，還邊唸：「大慈大悲觀世音菩薩。」

「我就說嘛！觀世音菩薩會幫忙的。你做這麼多好事，一定有很多人幫你的。你看，許銘仁就是來幫你的。他可能是我們宏中的貴人喔！」淑娥興奮的說一大串。我說錢未入袋，怎會安心。

「大慈大悲觀世音菩薩。會的，會的。」淑娥又唸了一大串佛號。

第二天，出納組長向我報告說錢已匯進來，我興奮得也跟著唸了：「大慈大悲觀世音菩薩。」

最有意義的分享

打電話給許銘仁向他謝謝。

他說錢是公司同仁大家一起捐的。

我一聽，心裡即犯嘀咕：「怎麼這個總裁這麼摳門呢？二十五萬對我們來說是一大筆錢，但對他而言，這一點錢，大概僅算零錢吧？怎麼也捨不得出？」

我沒說出來，倒是他自己解釋起來了：「本想自己給你就好了，但我覺得這個做好事的機會應該與同事分享，所以由他們樂捐部分，不足的部分，我再補齊。」

喔！原來是一份分享，原來是要讓大家感受到幫助別人的喜悅，原來企業總裁做任何事都有想到效益，原來最重要的是，他不是個小氣財神。

總裁同學的用心

我答應孩子在日本奪冠後，一定親自到台北謝謝他。

他笑了：「同學，我不需要你謝謝。倒是比賽回來，我出錢招待那些孩子到台北玩一玩吧！」

喔！耶！他不是摳門的總裁，他不是小氣財神！

好事一下子傳遍全校。

許多同事問我，怎麼找到這麼有錢的同學。

我說：「大慈大悲觀世音菩薩幫忙的。」站在一旁的淑娥，忍不住便笑了起來。

有人問我：「校長，你以前都不知道這個同學這麼有錢嗎？」

我嘆了一口氣，故意開玩笑說：「如果早知道，就讓他追了。」大家一聽都笑了。我再說：「你們要對那些不起眼的學生好一點呀！說不定將來他就像許銘仁一樣，成了總裁，可以回來幫我們喔！」大家笑得更大聲了。

我在他們的笑聲中，回想他以前的模樣。不曉得現在擔任總裁的他，會是什麼樣的模樣呢？

真好奇呀！現在已開始期待日本回來，到台北找他，看看同學、看看總裁。

當然，最重要的是，希望能帶著從日本奪冠的好消息去看他。

「以後你如果當了董事長，也要這樣做好事喔！」
孩子很慎重的點頭，然後看著我說：
「校長媽媽，我就算不當董事長，也會做好事的，你放心。」

日本載譽歸來

帶著孩子們到日本參賽。

行前，我便一再交代，比賽成績固然重要，但禮貌、文化的展現更重要，所以在比賽會場不喧譁吵鬧、進出場比賽隊伍務必整齊、休息區更要維持得乾乾淨淨。

「他們的服裝好漂亮喔！」「他們的鞋好像都很好！」……孩子們看著對方派出的隊伍，整齊、美麗的服裝就夠讓他們驚訝連連。相較之下，我們的確顯得寒傖些。

「比賽不是看服裝，而是看實力，知道嗎？」教練聽到孩子們的對話，馬上信心喊話。

「寶貝，我們大老遠跑來不是要參加選美比賽喔！我們讓他們瞧瞧，什麼叫實力，好不好？」

我一說，全體的孩子又用低吼的聲音：「好。」來回應我的喊話。

吼出堅持

在一場又一場的比賽中，我看到孩子們努力的精神。有的場次很輕鬆就過關，有的卻要使盡吃奶的力氣，才能贏過對方。

有一場最經典。孩子一開始可能沒掌握住節奏，一開始，就被一截截拉過去。對方人多勢眾的啦啦隊呼吼的聲音，直衝屋頂。

我們只有教練及管理和我，呼喊加油的聲浪都被掩蓋住了。

我這次心臟特強，也豁出去的拚命加油。

眼看著我方要被完全拉過去了，但孩子們在關鍵點煞住了。

停住了——，停住了——。

孩子咬著牙，撐住不讓對方把繩子拉過去，他們努力的將身子壓低。

然後，一聲呼吼，像泰山。來自埔里大自然的孩子們，吼出了堅持、喊出了努力。拔河繩又動了，一點、一點、一點的被孩子們拉過來。

我們禁不住抱在一起跳。

「奇怪，在台灣好像沒拉得這麼好耶！」

「來這邊好像比較能聚精會神、團結一致喔！」教練與淑娥討論起孩子的狀況。

淑娥誇張的說：「這是國家之戰、民族之爭，孩子是最棒的戰士。」

我雖笑她想太多，但我心裡還真有那麼一點民族的驕傲感。

不僅贏得冠軍，更贏得尊重

孩子們賣力、爭氣的贏得冠軍的獎座。最重要的是，贏得所有比賽選手的尊重。

在我代表出去領獎時，全體的評審一起站起來，向我們的隊伍鞠躬致敬。

透過翻譯，知道大家對我們孩子守規矩的表現讚不絕口。

我對孩子們說：「這才是最高的榮譽。」孩子臉上難掩喜悅與驕傲的傻笑。

回國後，埔里鎮公所設宴款待，恭喜、賀喜之聲不絕於耳。

我看到孩子明明是喜悅的，卻必須表現出正經八百的模樣很逗趣，因此跟他們說喜

宏仁國中拔河隊參加全日本青少年拔河錦標賽，榮獲冠軍。

悅、微笑是正常的事，聽到人家誇讚，卻毫無笑容，那是不正常的。

孩子聽了，就鬆了一口氣的笑了起來。

因為比賽的孩子中有五位是仁愛鄉中正村的孩子，所以中正村村長也設宴招待。他操著一口帶著原鄉味道的國語說：「我們中正村從日據時代到現在，第一次有人出國，而且還是一次五個出去，太厲害了。」

我說：「這些孩子可獲保送南投高中。」

他搖著頭，嘖嘖稱奇：「我們中正村從日據時代到現在，第一次有人讀國立高中，而且還是一次就五個去讀，太了不起了。」村長逗趣的表情及言語，讓大家都笑翻了。

孩子們跟董事長拔河

幾天後，許銘仁也特地租了一輛大遊覽車，載我們北上。

孩子們帶著拔河繩，調皮的說：「可以跟那些董事長拔河，一定很有趣。」

「他們拔不過你們啦，要注意安全。」我提醒他們。

結果當天一群科技大老闆或科技新貴，坐在地上，手拉著繩子，由孩子們拉過來。看著這一群大人像孩子一般，享受了一下午的快樂時光。我相信這必然是他們人生過程中最難忘的一件事。

「我要謝謝各位叔叔伯伯阿姨大姊……」孩子輪流上台，說出內心的感謝。

當中正村的孩子模仿村長講話，我看到底下有一些人已忍不住笑出淚來，或是感動，或是心疼，或是不可置信。

在遙遠的村落，因著五名孩子出國而成了村子的大事，而這些大人們必然難以想像自己捐出一些錢，竟成就了這般大事，也成就了孩子的夢、孩子的願。

喜悅的一日捐

許銘仁請了五星級飯店主廚，做自助餐給孩子們吃。我許久沒和許銘仁見面，所以坐在一起聊天。孩子去拿菜的時候，會望向我，偷偷告訴我：「哇！好好吃喔！」孩子也會過來問我們要吃什麼，想幫我們拿。

「鄉下孩子比較純真、有感情，還懂得幫校長拿菜。」有一位董事長感慨的說。我和許銘仁對望一眼，我告訴那位董事長：「我和許銘仁都是鄉下來的。」他一聽，立即回應：「難怪你們這麼有感情，願意為學生付出。」

接著，他說起當初聽到許總裁發動一日捐，覺得多此一舉：「才二十幾萬元，指定一個人捐就夠了，何必大費周章。現在終於明白了，**捐錢不是重點，重點是讓大家感受到付出的喜悅，讓多一點人願意享受付出。**」

許銘仁話不多，只是微笑、點頭，但我看到他眼裡的光，我知道他一定開始在思索付出與分享的事了。

淚盈眶的一段話

「我們怎麼這麼幸運，能到日本比賽，又能到台北吃這麼好吃的東西。」孩子們在回程車上嘰哩咕嚕的談著自己吃了幾塊牛排、雞腿、蝦子……

一個孩子學著村長說話的語氣：「我們吃到從日據時代到現在，最、最、最好吃的食物，而且不只一樣，有五六七八九十樣喔！」大家一聽笑成一團。

我問坐我旁邊的孩子：「寶貝，高興嗎？」

他滿足的點點頭。

「以後你如果當了董事長，也要這樣做好事喔！」

他很慎重的點頭，然後看著我說：「校長媽媽，我就算不當董事長，也會做好事，幫助別人的，你放心。」孩子清澈的一雙眼，流露出感恩回饋的神采。

我點點頭，一雙眼已然淚盈眶。我趕快看向窗外，黑夜中的星光格外明亮呀！

回到家，許銘仁打電話來關心。在電話那一頭的他，聽到我轉述孩子的承諾：「就算不當董事長，也會做好事，幫助別人的，你放心。」

「善的種子已經由你播下了。」我這麼形容。

他嘆了一口氣，很滿足的一口氣。

「同學，我們找時間聚一下吧！我有一個助學的構想要你幫忙。」

他說是一個大計畫，可以幫助很多很多孩子，「你可以幫我忙嗎？」

我毫不猶豫的告訴他：「我願意，我願意。」

「校長，你怎麼知道他借書會不會真的看。如果只是為了吃茶點，只借不看呢？要不要規定必須交心得報告？」一位嚴謹的老師給我建議。

校長的點心約會

自從圖書室整理好之後，它變成學生最喜歡去的地方。

記得一開始，還有老師憂心的跟我提醒：「學生破壞力很強，怕會白修理了一番。」我告訴老師：「環境愈髒，大家就愈不珍惜。只要我們把裡面布置得美美的，學生進去，也一定會小心使用。」

「還有一點很重要的是，學校大哥們整理出來的圖書室，誰敢破壞？」我的玩笑話，讓大家忍不住笑了出來。

我請一位在出版社任職的好朋友林美安幫我忙，看有沒有污損或印刷不良品，不能販售的書，能否捐贈給學校。

她一聽，就幫我找資源，甚至每月捐出數千元，讓我鼓勵努力上進的孩子。

鼓勵孩子閱讀的好方法

為了鼓勵孩子借書、看書，因此我承諾每月第一個星期五，整理出前一個月的借書排行榜，前十名的孩子可以當我的小客人，與我來個茶敘。

「校長，你怎麼知道他借書會不會真的看。如果只是為了吃茶點，只借不看呢？要不要規定必須交心得報告？」一位嚴謹的老師給我建議。

「如果規定要交心得報告，就沒人想看書了。閱讀本是一件愉悅的事，不需把它變成一股壓力。」

我停頓一下，再告訴他：「如果一名學生願意為了茶點，一直跑圖書室，我也願意獎勵他。多跑圖書室，多借書，就算不看，最後說不定會變成一個習慣，變成一個愛書人呢！所以何必嚴厲得像防賊似的設門檻呢？」

最有「心機」的閱讀約會

第一個月名單公布後，我請文環姊幫我買蛋糕，準備美麗的花茶杯、紅茶。

我在孩子們最常經過的教職員餐廳，與他們茶敘。

孩子們一進入到餐廳，就被美麗的餐桌布置給嚇住了，頻頻呼叫：「好美喔！好美喔！」

我請他們坐下，因為他們是我的小客人。文環姊和推廣閱讀的學昌老師幫孩子服務，他們更嚇到了。誰會想到平日專門幫老師跑腿的學生，現在竟然坐著由老師來服務。

我看不只他們嚇到了，外面跑來觀望的其他孩子也嚇到了，紛紛驚呼：「讓老師幫忙倒紅茶耶！」

我—要—全—校—關—注，這件事的目的達到了。

與孩子邊吃邊聊他們看的書。孩子們慢慢的、很斯文的端著花茶杯喝茶，用小茶匙吃著蛋糕，一臉滿足。

記得，我曾為請他們吃哪一品牌的蛋糕而煩惱。輔導室的綉葉老師說這邊的孩子，只要有東西吃就很滿足了，不會挑剔哪一個品牌、哪一種口味。

「這邊的老師很好當，隨便請學生吃顆糖，他們就很感謝老師。如果在都會區，你請學生吃個蛋糕，他都嫌甜、嫌膩呢！」綉葉當初形容的，與我眼前看的果真一般，孩子們滿足的模樣，讓人看了都高興。

想與媽媽分享的榮譽

我巡視每一個孩子。突然，我看到坐在角落的一名孩子。他低著頭，默默的喝紅茶，眼前的蛋糕一口未動。

我很好奇的問他：「寶貝，你不喜歡吃蛋糕嗎？」

他搖搖頭：「我想把它拿回去給媽媽吃。」

他說這是一份榮譽，要把它帶回去給媽媽看，也跟媽媽分享。

天啊！多貼心的孩子呀！

「寶貝，吃吧！等今天放學時，每個人，我再送一個蛋糕讓你們帶回去。」

孩子們興奮得叫：「喔耶！」

可是，我看那個孩子還是不吃。

我又問他：「為何還是不吃呢？」

他抬起頭來，不好意思的告訴我：「可是我有爸爸媽媽呀！」

他一說，大家都笑了。

我豪邁的說：「一人帶兩個回去。這下子，你該吃了吧！」

「謝謝校長，我要吃了。我家裡是還有妹妹啦！不過妹妹要吃的話，媽媽會分給她的。」他這一說，大家又笑得更厲害了。

連老師都想當校長的小客人

從那次以後，大家都很努力的借書，因為大家都想當我的小客人。孩子們帶回兩個蛋糕，家長也驚喜萬分，紛紛打電話向我致謝。

綉葉說我很有「心機」，請小朋友吃東西，人人都會，但我卻利用大家會注意到的地點，且營造一個優雅高尚的環境，再由高高在上的老師服務，而且還可以吃一個帶兩個，多棒呀！

她說：「連老師都想當校長的小客人了。」

其實不管我是否要「心機」，不管我送了幾塊蛋糕，這些都不是重點，最重要的是：學校閱讀的風氣開始動起來了。

「校長，我們也沒能捐多少啦！大概就十萬元。」
施先生說出讓我咋舌的金額。
「施先生，老實說，我並不太想要十萬元。」

給十萬，我只取兩萬

退休老師瓊香帶了一個朋友來找我，是一位來埔里蓋了棟非常漂亮別墅的企業家施先生，因為聽到瓊香說起我推廣閱讀一事，很感動的表示要捐款。

施先生有一雙瞇瞇眼，微笑起來剩一條眼線。他說起話來輕細、溫和，看得出來是個很慈祥的長者。

施先生說他不是企業家，只是在幫姑丈管理一家公司。姑丈想要以母親之名行善，因此他聽到我推廣閱讀、買蛋糕請小朋友，還有找出版社捐書，又知道我們自己整修圖書室，因此感動之餘，便主動說要捐款。

有遠見的「拒絕」

「校長，我們也沒能捐多少啦！大概就十萬元。」施先生很客氣的說出讓我咋舌的金額。

十萬元對我們而言不是沒多少，而是很多。

「施先生，老實說，我並不太想要十萬元。」

我這一說，不只施先生，連瓊香都一臉迷惑，愣住了。

我解釋給他們聽：「如果你給十萬元，我們買了一堆書。這些書在今年都是新書，但明年就變舊了，所以與其一次給十萬，第二年就沒了。不如給兩萬，年年給，那麼，每年每月我都能買新書，細水長流。你們又能把每年多的八萬元，分贈給四所學校。這樣，不是更好嗎？」

我在解釋的過程中，看到施先生頻頻點頭，臉上布滿笑意：「校長，你跟人家不一樣喔！要給十萬，你卻只要兩萬。」

我笑著回施先生：「我比較奸詐喔！看似不要十萬，只要兩萬，很傻，但如果年年給，那就不只是十萬元了。我夠奸詐吧！」

施先生與瓊香笑得好開心。

校長，你就是我們要找的人

興致一來，又繼續與我討論其他捐贈事宜。他把公司生產的東西說明一番：「校長，你看我們公司的產品能提供學校做什麼用途，可以的話，也能捐。」

我笑他：「不擔心姑丈生氣嗎？竟然要把公司的產品捐了。」

他嘆一口氣，是一種很幸福、很感動的模樣。

「我姑丈說，要孝順，就是以母親之名行善，把母親的愛分享出去。而且，他說錢財夠用即可，節儉的花，也花不了多少錢。現在公司穩定成長，正是行善的好時機，所以姑丈就以他母親的名，成立『林賴足文教基金會』。」

施先生說他的姑丈影響到他們一家人。他的孩子們不會因為家裡有錢即當公子哥兒，反而習得節儉、認真的美德。

施先生又說：「不浪費物資，能分享，才是幸福的人。校長，你就是我們要找的人。」

那天起，「林賴足文教基金會」果真年年給兩萬元，而且也開放給許多學校申請。

曾經在一些場合與教育界的朋友談起這個基金會，告訴他們可以申請。有些很贊同、很興奮的要申請，有些卻認為不需要為了區區兩萬元去申請。

當我聽到「才兩萬元呀！」這樣輕蔑的話時，我好想對他們說：兩萬元不只是兩萬元，它是分享、是孝心，更是一份愛的傳遞呀！

那一年，我把過去寫了二十八頁的學校規劃書都丟到一旁。那些費盡心力寫出來的「文書」，是感動不了人的，又怎能讓老師與我一起努力呢？

愛與服務，貪心點又何妨呢！

學校午餐廚房旁的穿堂，十一點半左右，各班的餐桶都一一就定位。這時候，就會有一位體型稍胖的老婦人坐在柱子下等候。

午餐祕書說：「那是潘小姐。等著拿廚餘。」

我看她的穿著，並非貧窮之人，但每次都是拿著大鍋子，裝一些有湯湯水水的菜。另外，又拿塑膠袋，裝乾炸的肉類食物。一袋又一袋、一鍋又一鍋的裝。

我心想：她家到底有多少小孩呀？看幾回後，我有些反感，覺得這人太貪心了。

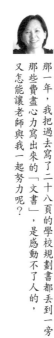

不為自己的全然付出

午餐祕書聽完我的感覺，忍不住笑了出來：「校長，潘小姐從公職退休，她不需要拿這些食物。她是為炫寬啟智教養院拿的呀！」

祕書告訴我，炫寬啟智教養院董事長的女兒有智能障礙，因此特別能體會家有智障者的痛苦，所以秉持幼吾幼以及人之幼的精神，把田地賣掉，獨資創辦了炫寬啟智教養院。

不管是自費送來托顧的，或是受人遺棄的，都一樣收下來，且用心照顧。

祕書說董事長非常有愛心，但要獨資經營一定很困難，畢竟政府補助有限，院內有二十七名六歲以上，六十五歲以下的智障者。他們的日常用品及三餐的花費相當驚人，因此住在附近，從公務機關退休的潘小姐知道這情形，靈機一動，才與學校商量，把學生吃剩的回收給啟智教養院。

「其實，她每天這樣載，真的很危險，也很辛苦。」祕書如此感慨。

我由之前覺得潘小姐貪心的小小厭惡，轉變為大大的感動與敬重。

與潘小姐聊到過去對她的誤解，她咧開嘴，大笑：「要是換成我，也會這麼想的。校長，我帶你去啟智教養院看看吧！」

我接受了她的邀請，看到這所租來的教養院，的確是慘澹經營，裡面的志工及工作人員都很友善認真。

面對老老少少的院友，他們真的展現了最大的耐心與愛心，因為一名流著口水的院童向我奔跑過來時，我便驚嚇得從板凳上站起來跑開。

潘小姐抓住我的手：「校長，他只是要向你道謝，抱抱你而已。你不用怕。」我尷尬的停住。那名小朋友口齒不清的說謝謝、很好吃之類的。我抱抱他、用手拍拍他的背。他高興得緊緊抱住我，還上下跳著，我感動得也管不了他的口水是否滴到我的衣服上了。

幫助人的感覺，棒呆了

回校後，我將啟智教養院所看到的情形與師生分享，並決定結合親職教育，舉辦「送愛到炫寬」的義賣活動。

這個活動獲得教師及家長的贊同，紛紛捐出義賣品，以每樣物品最高價不超過三百元的低價，讓大家都有機會行善。我們竟賣了三萬元。

我帶著老師及學生代表將錢及物品送到教養院。面對一群老老少少的智障者，學生畏縮的站在角落不敢靠近。老師率先將玩具、衣服等物品送給他們，並接受他們的擁抱、感謝，學生才慢慢的靠近幫忙。

我在一旁與董事長聊天，一邊觀看學生的表現。

看到一名女學生送一套衣服給一位阿婆，瘦小的阿婆頻頻彎腰謝謝。女學生也彎腰回禮，臉上藏不住的喜悅。

另一位將絨毛玩具送給一名小女生，那小女生高興得抱住我們的學生，連聲謝謝，更有一位阿婆拿到外套後，在屋裡四處繞，一直翹著大拇指，比著「讚」的手勢。學生受到了感染，高興的與他們交談，並與他們握手擁抱。

回校時，一路上，學生興奮的交換此次活動的感想。「啊！我握到他們的手，與我們沒兩樣耶！」一名同學說完，馬上被大家取笑：「他們既沒生病，也不是怪物，當然與我們一樣。」

「以前只是捐錢，不會有特別的感動。今天親自來與他們接觸，把愛送給他們，才發現能幫助人的感覺真的棒呆了。」

另一名女同學講完，大家贊同的回應：「我們以後再繼續幫他們。」沿途吱吱喳喳說個沒完沒了。

看到孩子們興奮的表情，我知道這一天已成了他們難忘的一天。

課堂上學不到的事

或許，他們之中有人將因為今天而立志助人行善，或許他們將因之懂得感恩惜福，但不管如何，今天所帶來的心靈悸動，絕非課堂上呶呶不休的講述大道理，或是加強公民課程可以獲致的。

事後淑娥告訴我，師生們對這件事談論不休，大家都認為這事很有意義。「我想規劃，分批帶學生去服務。」淑娥抓住這股民氣，開始規劃服務學習的諸多活動與課程。我也利用每週週會時間，與大家分享其中的一些感人故事。

我發現，**孩子變了，曾經浪費、不知足的，學會珍惜；曾經抱怨貧窮的，學會知足。**我發現**老師也變了，他們不只是在教書、趕進度的教書匠，而是在教人、教生活的人師。**

愛，讓大家更溫和，一顆心也更柔軟；服務，讓大家找到自我的價值與定位。

於是，那一年，我把過去寫了二十八頁的學校願景規劃書都丟到一旁。那些費盡心力寫出來的「文書」，是感動不了人的。完全進不去老師的心，又怎能讓老師與我一起努力呢？

因此我定調唯一的願景：經營宏仁大家庭，辦法就是陪孩子讀三本書：認識自己、愛、生活。

看似簡單清楚，但卻是繁複大工程。三本書已不只是孩子要讀的書，它是我們每個人都必須讀的三本書。

謝謝潘小姐所帶給我們的改變，她笑著說：「校長，你那時候認為我貪心，我看你比我更貪心喔！」

是呀！愛與服務，貪心點又何妨呢！

我一進門，便被餅乾香味吸引，直喊：「好香啊！」
老師要孩子們拿餅乾請我先嚐嚐，一個孩子趕緊搶先說：
「給校長吃失敗的餅乾。好的，我們必須留著明天招待客人。」

「失敗」的餅乾

巡堂時，五名三年級的男同學提著三袋的蔬菜跑到我面前，興奮的將菜舉高，放在我眼前：「校長，這是我們種的菜，送給你。」

我不可思議的叫出來：「怎會種出那麼漂亮的菜呀！」剎時，得意與喜悅立即寫在他們的臉上。

降低中輟率的課程

我來到宏仁國中，看到許多學業成績不佳，但其實有其他能力的孩子，整天無所事事，因此我們開設許多職業類科的課程，有農業、家政烹飪、商業設計、木工……等等。除了讓三年級的同學能有機會接觸認識各種職業，發掘自身的興趣與專長外，更可紓解身心。

曾經有老師質疑是否會影響功課，但幾年下來，證明不但不會影響，還因為有趣的學習，大大減少了中輟率。

農業職群一開課後，孩子從整地開始學起，每年都有很好的表現。去年的孩子，將販賣蔬菜所得捐贈給四川大地震的災民。今年的孩子種的菜又大又好，我隨即掏錢出來給他們，一個孩子卻告訴我：「校長，不用了啦！而且你也拿太多錢了，現在市場賣的菜很便宜呢！一朵白花椰菜只要十元喔！」真是誠實可愛的孩子。我叫他們把錢收下：「你們種得很辛苦，理應得的。」他們一起搖頭。

只要不放棄

多元學習中心（學習障礙班級）的小宇說：「校長，這些菜答謝你三年來的照顧都不夠。」

我聽了，整個人都顫抖起來：「寶貝，你怎麼那麼會講話？我感動到不知如何是好耶！」

他聽了，只是憨憨的、不好意思的笑著。

將菜提回辦公室，與輔導室的老師分享我的感動。綉葉老師也感動的告訴我，小宇是學習障礙的孩子，平日話不多，沒想到，竟然可以說出這麼貼心的話：「校長，我沒教他喔！你不要以為是我教的喔！」綉葉趕緊澄清。

「你一定要告訴他的爸媽，小宇是一個非常聰明、可愛伶俐的孩子。」我叮嚀著綉葉。

想想一個學習有障礙的孩子，竟能說出如此感恩的話。

我想到去年才開墾的菜園，滿地石頭、水泥塊，大家都質疑能否種出什麼東西，但在老師及孩子們努力下，如今也豐收一籃籃鮮美蔬菜，這不就是像小宇一樣嗎？只要不放棄，任何一個孩子都能帶給我們驚喜與驕傲。

與其羡慕別人，不如自己做

在孩子畢業前，輔導室李孟桂主任幫技藝職群的孩子舉辦成果發表會，邀請社區家長民眾來參觀。

為了這個成果展，三年級的同學卯足了勁兒，把自己的作品再加工，希望把最好的一面呈現給大家。

成果展前一天，兩名同學在宏仁館幫忙，我誇他們賣力。一旁的老師，笑著說他們兩個是被罰的。我沒把老師的話聽進去，一直誇他們有心。在擺放小盆栽時，還詢問他們的意見。我說他們有美感，他們的臉上馬上綻放笑容。孩子真的是需要誇讚呀！

「宏仁館布置起來還不錯！」小帥哥阿志酷酷的說。

我逗他：「記得以後當了董事長要回饋母校喔！幫母校蓋一棟非常棒的宏仁館。」阿志慎重的點頭說：「好。」一副未來一定是董事長的模樣。

事後，我形容給訓導主任淑娥聽，她笑得趴在桌上。

我雖也為阿志的表情感到好笑，但心裡卻有一種感覺：**孩子的潛能及未來的發展，誰也料不準。**說不定今天的誇讚，真成了他以後努力的動力，也難說呢！

木工及建築職群的同學把小板凳及茶几一擺，就讓人想坐下來歇息。

我誇他們做得好，他們卻不好意思的說：「別組做得比較好。」

家政及商業設計紙黏土組把作品擺上後，吸引一堆同學來參觀。我看到一名孩子認真觀看的模樣，順口問他：「羨慕吧？」

他抬起頭，搖頭說：「與其羨慕別人，不如自己做就好了！」

輕鬆卻有志氣的模樣，讓我豎起大拇指說：「讚。」

甜美的「失敗餅乾」

傍晚要放學了，聽說家政職群的同學還在趕工，要為來賓烘烤好吃的餅乾及布丁，所以我到家政教室表達關心。

我一進門，便被餅乾香味吸引，直喊：「好香啊！」

老師要孩子們拿餅乾請我先嚐嚐，一個孩子趕緊搶先說：「給校長吃失敗的餅乾。好的，我們必須留著明天招待客人。」

老師斥責學生怎可如此對待校長。他笑著說：「校長是自己人，又不是別人。」大家笑了開來。

在那時候我吃著失敗的餅乾，心裡是一種難以言喻的幸福感覺。

我們終於把學校變成一個大家庭，因為我們都是一家人，所以孩子知道要把好的呈現給貴賓，不好的，自己享用。孩子的懂事言行，讓我和指導老師相視一笑。

我誇著餅乾好吃，並心疼的說：「哎呀！你們這麼辛苦，卻不能吃到自己親手烘焙的餅乾。」

一個孩子笑著說：「能做給別人吃就很幸福了！」

是呀！餅乾不一定要自己吃才幸福，人生也不一定得到才快樂。**有能力付出所獲得的幸福，更甚於快樂呢！**

我心裡是高興得很，也驕傲得很。這些在學業上成就較低的孩子，不但在技藝課程中找到信心，也能學到待人處世的道理，知道把好的留給別人。

我繼續吃另一塊「失敗的餅乾」。

哎！滋味真是甜美呀！

每天回家，為了不讓家人發現，
我得刻意掩飾難過，故意說些笑話給家人聽。
我得自我武裝，堅強的告訴自己：「我絕不讓眼淚掉下來。」

溪頭慶功宴

「我們贏了！贏了！」生教組長冠安很是興奮的跑來告訴我。

我按捺下興奮，走到隔壁的教務處。教務主任林主任穩重如昔，但嘴角的一抹笑意，仍不小心顯露他的高興。他證實，我們的升學率的確贏過另一所學校。

「校長，你要破費了。」林主任提醒我。

兌現兩年前的承諾

是的，兩年前，我曾氣憤他校家長會總幹事嘲笑我們，立志要贏過他們，也許下：只要贏過埔里鎮任一所學校，我招待全校兩天一夜旅遊的誓言。

「那有什麼關係！我甘願。出再多錢，我都甘願。」我高興的說。

打電話給溪頭青年活動中心總幹事，把事情的經過告訴他。

他也沾染到我的喜悅：「你要自己出錢招待老師，我一定在可能的範圍內，給你打個折。」

蘇總幹事豪氣的答應，於是事情就底定了。

「我們到溪頭舉行慶功宴，同時規劃下一學年度的努力方向。」期末校務上，我一宣布，平日內斂、不易表現情感的老師們，也興奮的討論起來。

「校長，我幫你出點錢，好嗎？」淑娥怕我花太多錢，所以希望幫我忙。

我搖頭拒絕：「那是我的承諾呀！」

校長的充電高招

主管會報時，我開始分配工作。教務處聽到我要他們安排課表，主任眼睛瞪大了。

「不是旅遊嗎？」

「晨昏讓大家感受到溪頭的美，充分讓身體放鬆，享受芬多精。其餘時間，我們邀請一些學者專家來為我們演講充電，進行心靈之旅，這樣才能兼顧身心靈的健康。」

我一說完，林主任頻頻點頭說：「高招。」

當天，大家從坐上遊覽車開始，便吱吱喳喳說個不停。到達溪頭，沁涼的空氣讓人整個舒爽、有精神了起來。雖然大家知道我安排聽講、討論的課程有些詫異，但感受到這是一直耽於谷底的宏中多年來的奮起，大家也有莫名的榮譽感，因此對聽講，就抱持著學習可以讓自己更精進、讓宏中更好的想法，毫無抱怨與拒絕了。

我明白了：「成就感能帶來奮發向上的力量，不只是對小孩子有用，對任何人都有用呢！」

「校長，今年的成績是給我和總務處欉主任退休前最好的禮物。我可以風風光光的退休，沒有遺憾了。」

林主任感慨的說起自己努力多年，一直沒辦法帶起宏中的升學率，學生一直轉走。他為了留住成績好的學生，不惜顏面，與家長懇談、拜託，到最後吵架。

「以前怎麼留也留不住，現在卻每年增班。哎！還是，校長你有辦法啦！」

「不是我有辦法，而是**我幸運的找到方法，那就是家族的力量，更勝於一個人的力量。**」幾名主任都點頭稱是。

欉主任談起九二一重建學校的一番艱辛，淑娥與輔導主任孟桂也跟著回憶起自己進入宏中的點滴。

在回憶與感慨中，我們更確定大家是一家人的信念。

那晚，我們在溪頭說往事。那一年，我們在溪頭堅定信念：「一定要讓宏中一直往前，努力奮進。」許多老師在多年後，或退休或調職，但回憶起那一年，大家都熱血沸騰，也都懷念那段一起努力奮鬥的日子。

我絕不讓眼淚掉下來

從那一年後，宏中持續進步。年年利用暑假，慶祝兼研習變成一個例行工作。

第二年，主計主任明香告訴我，已有人捐助款項，指名暑假教師研習用。

「校長，你今年不用出錢了。」

我要她查明是誰捐的。

她笑著告訴我：「同仁們的家人，還有同仁們捐的出差旅費啦！」

「是我們進步，是我們精進成長，怎可以由校長出錢？」淑娥告訴我老師們的想法。

「校長，你就答應吧！就算當『校長媽媽』，孩子大了，或是自立自強，或是回饋，都應該吧！」

我拗不過他們，在點頭答應中，眼淚卻不自覺掉下來，往事也像影片般，從我眼前掠過。從一開始的黑白、慘澹，我努力的上色，到如今，總算色彩繽紛。

我想到前幾年的努力過程，曾遇到多少的挫敗與傷痛。

每天回家，為了不讓家人發現，我得刻意掩飾難過，故意說些笑話給家人聽，但我自己得藉口要思考，然後跑到四樓捶胸頓足、嘆氣。

我得自我武裝，堅強的告訴自己：「我絕不讓眼淚掉下來。」

「哪家的孩子不曾讓父母傷心的？」我以此安慰自己，並堅持只看好的一面、說好的一面。我知道老師們的士氣需要我帶起來，我的快樂、我的信心也需要我自己建立起來。

想到九二一大地震時，我告訴全校師生要「微笑面對試煉」，並誓言做一名勇士，來宏仁，我怎能忘記這個誓言呢？

如今，老師們以行動來說明他們的成長，來證明宏中已是個團結、努力、和諧、快樂的大家庭。

我的眼淚不需再忍住，就讓淚水奔流而出吧！因為這是高興的淚水、驕傲的淚水，為我的孩子、我的家呀！

「我注意到今年畢業典禮上頒發的第一志願獎是由XX先生捐的，但他是誰，大家都不知道。每一年，都會煩惱這一個獎金還有沒有。」

我這一說，準備退休的教務處林主任說：

「校長，你不用煩惱，那個獎金絕對有。」

彩雲第一志願獎

記得學校圖書室啟用典禮時，許多人都因為孩子優異的表現，及我製作的簡報而掉下淚來，王彩雲議員即是其中之一。

她是宏中第六屆的校友。看到學校沉淪，她比誰都痛苦，因此看到我認真的想帶好宏中，第二年，她即把孩子送到宏仁國中就讀，表達她對母校的支持。

當時她只說：「校長，我信任你，我信任老師。」

第三年，她更以行動表達對母校更大的支持——擔任家長會長。

眾人永遠的話題

「我希望能把家長會的錢花在孩子的身上。如果要聚餐，我個人出錢即可，絕不要花家長會的錢。」

在當選之初，她豪邁的說出個人的看法，當時獲得家長委員一致的肯定與讚賞。或許是這份豪氣感動了所有的委員，委員們也呼應：「我們開會，在學校開即可。吃飯的錢，就省下來給學生用。」而其中總幹事尤東河先生更是傾囊相助，舉凡學校的獎品，全數由他供應。

尤東河總幹事在我來宏中第一年，找我幫忙改善親子關係。後來，我去找他幫忙買木材。他由不相信學生做得起來到最後嘖嘖稱奇。

除了捐贈木材的費用外，第二年，更將孩子從私校轉來就讀宏中，並為了支持我辦學，自願擔任家長會總幹事。

「會長為了學校不遺餘力，出錢出力。我只是以小小行動來支持她罷了。」

總幹事客氣的說，卻也道出了家長會的想法。

大家看到了會長的真誠與用心，因此用行動表達對她的支持。

舉凡學校的大小活動，家長會必定會派人參加，而**大家聚在一起的話題，也永遠是——如何協助學校。**

家長會長兒子在學校跌傷

「議員擔任你的家長會長，是不是會給你帶來壓力？」曾經有人如此問我，大家看到在議會殿堂，義正辭嚴問政的她，難免會聯想是否也會對學校行政產生困擾。

我搖頭，告訴他們：「王彩雲議員是老天派來幫我的。」

記得王議員一擔任會長，便說明：「在學校，我是一名學生家長、是家長會長，更是學校永遠的校友。我不是縣議員。」

她真的是將家長會會長當事業來經營，用心的體察學校設備的不足——給一百萬充實資訊設備，注意到學生飲用水不足——二十萬購買飲水機設備，關心到老師的用餐環境不佳——十萬元整理教職員工餐廳設備……

除了她注意到的外，另外，學校提出來的計畫，只要是為孩子好的，她也幾乎照單全收，而對於學校校務運作。她堅持對學校除了信任、支持與協助外，絕不干涉校務。

「家長會本來就該是參與，而不是干預。是助力，而不是阻力。」在她如此的說法下，其實，帶給我們是更大的使命感與責任。

我們知道在家長會完全信任的支持下，我們不但不能怠惰，還要更奮力往前衝。

一天，她打電話給我，告訴我，學校連鎖磚地不平整，導致她的兒子跌傷了。

我想她一定很心疼，說不定要興師問罪。

沒想到她竟說：「校長，你知道嗎？還好是我兒子跌傷的，我才知道那些地方需要整平。我一定要幫學校處理好，免得其他孩子也受到傷害。」

當時，我聽到她完全不提心疼孩子受傷，只一心想到不能讓其他孩子受傷害。我在她處事豪邁的風格中，又發現了她大愛的一面。

多少人能在自己孩子受傷的當下，還能跳脫不捨，轉而想到其他人呢？

自我挑戰的計畫

「我們因為會長的帶領，才能真正的為孩子們的教育盡一份力量。會長絕不能退下來。」

一年任滿，委員們一致提議，並全數通過，贊成她連任。

我看到她雖高興，卻有些憂心的模樣，問她是否擔任得勉強。

她笑著說：「我不勉強。我只是在想如何讓宏中更好？」

「校長，你老是花錢買禮物送老師、送捐贈人。讓我幫一點忙。」

彩雲給我一個紅包，沉甸甸的，有幾萬元吧！

我把錢收起來：「這筆錢，當作『彩雲第一志願獎』的獎金吧！」

我告訴她，我的計畫：**讓老師記錄每個孩子的能力，鼓勵孩子與自己挑戰。如果一個考二十分的孩子能進步到四十分，就該發給他第一志願獎金，但這孩子的基礎點就該提升到四十分，下一回，得超過四十分才能再領到。**

國三時，老師依孩子的程度與孩子討論，設定孩子的第一志願。當然那個志願必須適度高過原來的分數。

「讓每個孩子與自我挑戰，讓每個孩子都有獲得鼓勵的時刻與機會。」

我的說法讓彩雲非常高興。她說可以設這個獎，但不需用她的名。

我笑著說：「用你的名，便可確信你每年都會捐錢。我夠狡詐吧！」

她笑著答應：「我會一直捐下去的。」

節儉的教務主任，卻大方捐款

「謝謝你，因為我注意到今年畢業典禮上頒發的第一志願獎是由ＸＸ先生捐的，但他是誰，大家都不知道。每一年，都會煩惱這一個獎金還有沒有。」

我這一說，準備要退休的教務處林主任說：「校長，你不用煩惱，那個獎金絕對有。」

我詫異的看著他。

他抿抿嘴，不慌不忙的說：「那是我以我祖父之名捐贈的。」我張大嘴巴看他，平日節儉度日，連上班都為省油錢，騎腳踏車，騎得一身是汗的主任，竟是幕後的捐款人。

「**我只是愛宏仁國中而已。**」他又平平淡淡的說著一件讓人感動的事，然後，說完又身輕如燕的回辦公室。

「哎呀！校長，你真的要很驕傲，連老師都這麼愛學校。」彩雲這麼下註腳。

我拚命點頭。與這樣的老師共事，真的好驕傲呀！

近半數孩子上心中的第一志願

「彩雲第一志願獎」運作得非常順利，許多孩子開始對自己產生信心。

一年後，基測放榜，榜單一貼出，一陣陣驚呼聲之外，還有此起彼落的詢問聲：「你上第一志願了嗎？」

新的教務主任仁貴興奮的告訴我：「校長，我們有一百二十位上第一志願。」恰好朋友打電話來，我與她分享這個喜訊。

她驚訝且好奇的說：「你們不是才只有三百位畢業生，怎麼可能有近半數上第一志願？」

「怎麼不可能？每個人的第一志願都不同。當然有可能。」

我這樣說，她似乎還不明白，因此我再說明：「平日模擬考最高只能考到兩百分的孩子，把第一志願放在兩百五十分，平日成績只能考上私立高職的孩子，把考上國立高職當成第一志願。每個孩子因應自己的能力，設立一個需要努力就可達成的志願。當他努力的達成，不就是上了第一志願嗎？若我們將一中、女中設定為第一志願，有多少人望著那無法達成的目標而興嘆，甚至放棄？」

我告訴朋友，我學校的老師與家長共同鼓勵孩子努力超越自我（非超越別人），考上自己心目中第一志願的經過。

朋友高興的說，她也要如法炮製。

「校長媽媽，我考上了第一志願喔！是台中高工耶！我棒不棒？」

一個小女生喜悅的告訴我，旁邊幾個孩子也搶著說：「我也上第一志願了！」「我也上第一志願了！」

看著帶著喜悅自信，對未來充滿期待的孩子，我說：「校長的心肝寶貝最棒了！」微笑的我，卻眼角微潤了起來。
謝謝你，我在心中謝謝彩雲。
你的第一志願獎真的很棒呢！

我一看，真把我給嚇到了。
這位在學校人人皆知的公子，含著金湯匙出生，
一生受人伺候慣的人，怎麼可能來做義工？

退休老師的巨大身影

「退休後還能回學校擔任志工，為學校做點事，真是幸福呀！」——劉超雄老師

學校的工友張雙坤先生退休。在沒有補足工友的情況下，總務處憂心忡忡的問我：

「學校水電壞了，誰來維修？校園草皮的草長了，誰來割除？」

水電問題因為不是經常損壞，一學期，找水電承包商來處理一次即可。這個問題倒不難解決，但大操場的草地，每隔一段時間，小草便長高、長長。除了造成紊亂的景致外，還增加運動的不便。

若雇用工人鋤草，這份龐大且經常性的支出，絕非學校所能負擔。我知道總務處為此傷透腦筋，因此我跑到合作社想辦法。

之前，我請退休老師回校當義工幫忙時，便告訴他們，學校的合作社就是他們聚會的場所。

我知道要退休老師回校幫忙，若沒提供一個聚會場所，一到忙碌時才找人，緩不濟急之外，也無法培養默契，更讓人覺得學校太現實。

因此我選定合作社，因合作社總放著輕音樂，讓人輕鬆自在，可以完全放鬆。它不像其他辦公室嚴肅，又人來人往的，家長學生或老師進進出出問問題，坐在裡面，總覺得會造成干擾，不適合久坐，但其實最重要的是，合作社有一個超熱心的淑芬阿姨。

校長，我幫你

「阿姨，我跟你說喔……」在合作社裡，常常聽到來買文具用品的孩子會向淑芬傾訴。她雖是合作社聘請的售貨人員，但因很會照顧人，所以淑芬儼然是大家心目中的大姊、阿姨。

因此，我拜託淑芬幫我忙：「只要有退休老師來，你就幫我買水果，或泡茶招待他們，讓他們感覺像回家一般。」

我有時拿錢，有時拿茶葉，放在淑芬那兒，請她展現熱情，幫忙招待。合作社變成退休老師最喜歡到的地方。

因之我知道要解決這問題，可能就必須到合作社求救。

果不其然，學校的退休老師，劉超雄、冉光志、吳清源老師，就一句話：「校長，我幫你。」開始了三人的志工生活。

他們開始推著鋤草機鋤草，拿著肥料袋裝雜草。四百公尺的大操場，在他們的努力下，平整、亮麗。

我笑稱他們是校園美容師，幫草地剪了個漂亮的三分頭。

我衷心感謝他們一年多來的幫忙，但他們卻反過來謝謝我，給他們機會回校服務。

穿著雨鞋，戴著斗笠、工作手套，被太陽曬黑的臉龐上，他們綻放著滿足愉悅的笑容。

「忙著鋤草、種花，一整年居然都沒生病，連感冒也不曾有過。」吳清源老師說這是額外的收穫。

「我們忙得沒時間憂鬱，應該勸告那些閒得沒事、喊憂鬱的人來工作就對了。」劉超雄老師也快樂的附和，冉光志老師則以一抹笑容，贊同他們的說法。

嚇人一跳的四人小組

一天，我看到快樂三人行變成四人小組。

我跑過去笑著說：「哇塞！三缺一補齊了呀！」

我好奇的看他們找的是哪一位。一看，真把我給嚇到了。

穿著米白色休閒褲及休閒鞋，搭著質感極佳的襯衫，戴著休閒帽的不是蔡思南老師嗎？這位在學校人人皆知的公子，含著金湯匙出生，一生受人伺候慣的人，怎麼可能來做義工？光看他一手握鋤頭的模樣，便知道他是玩票性質的。

「蔡老師，您怎麼也來了？一定是被冉老拐騙來的，是吧？」

我的問話，讓大家笑了開來。蔡老師一貫斯文靦腆的笑容，一腳斜放慵懶的模樣，真是十足的公子哥兒呀！

冉老師大概看出我的心思，笑著說：「校長，不出一個月，一定把他訓練成一個工人。」

「不好吧！賴靜英老師要抗議她帥氣的老公到哪裡去了？」

蔡老師的老婆賴靜英也是我校的退休老師。我一說靜英要抗議，大家就開始開起蔡老師的玩笑。

看這四人快樂的笑容，我不禁想到一些退休的朋友，因為突然失去舞台，又無法放下身段，擔任志工，整天在家被無聊給包圍住而喘不過氣來，最後不是快速老化，便是抑鬱而終。

反觀他們，即使一身污泥、一手老繭，他們的精神是飽滿的、心情是愉悅的，容貌自然就顯得年輕光彩。

「劉老師，你以前當過訓導主任，讓你這主任來鋤草，真是不好意思！不過因為您這麼做，讓人更佩服您呢！大家都說做主任的人能彎下腰、蹲下來，不容易呀！」

劉老師面對我的誇讚，含蓄的回我：「企業界的董事長都要學習掃廁所了，我們一個小人物，算什麼！何況我們動動身子、曬曬太陽，把憂鬱症都趕跑了，多好呀！」

退休老師學砌磚、抹水泥

一星期內，他們鋤了草。過了一星期，他們又發現連鎖磚鬆脫了，於是又開始拿沙子重新整理連鎖磚，然後他們又發現小水塘髒了，又開始清理小水塘……

他們開始發現該整該修的事物實在太多了，他們需要多學點功夫，於是他們開始學砌磚、抹水泥。

我說洗石子比較美，他們又去學洗石子……

自費訂十萬元的鋤草車

一個月過了、兩個月過了、三個月過了，蔡思南老師不是來玩票的，他變成不折不扣、十足厲害的工人了。

「該請他們喝個飲料、吃個點心吧！」我心疼他們在豔陽下、細雨紛飛中忙碌工作，想拿錢給淑芬買個點心。

淑芬搖搖頭：「名鳳曾經要買給他們吃。他們說，如果學校要買東西請他們，他們就不來了。他們自己交錢給我買水果及飲料，他們說：『這才是義工。』」

「這怎麼行？怎麼好讓他們自己出錢？」

淑芬聽我一說，偷偷告訴我：「校長，這都是小錢啦！你知道他們自己花錢買水泥嗎？最近他們又已經訂了一部近十萬元的鋤草車，他們說用推的太累，還是坐車鋤草比較輕鬆，他們要我不能告訴你。你要裝作不知道喔！」

從合作社離開，看到他們在遠處操場邊種花。

「你看得到他們嗎？」淑娥走過來瞇著眼望。

我指著他們小小的彎腰身影：「怎會看不到他們那巨大的身影呀!?」

「校長，鳳鳴國中曾買了幾把樂器想組團，可是他們沒成功。或許，你可以去跟他們借。」
我一聽，毫不遲疑，帶著淑娥立即前往。

成立管樂團，困難重重

「怎麼辦？怎麼辦？」淑芬看我憂心忡忡，一直嘆氣說：「怎麼辦？」問我：「到底出了什麼事？」

我提到兩年前答應高任勇老師，要幫忙成立管樂團，但至今仍找不到經費。前幾天，一名叫溫婷的孩子還提起，希望能參加管樂團，學習音樂。另一名孩子小珍酸酸的說：「那是有錢人學的。不是我們這些窮人學的。」

連吃飯都有問題了，怎麼學音樂？

當時，我便嚴正的說明：「音樂沒有貴賤之分，任何人都能學。」

孩子質疑的問我：「樂器都很貴，學費也很貴。我爸說吃飯都有問題了，哪有閒錢學音樂。他叫我不要做夢了。校長媽媽，你說的任何人不包括我喔！」

當場，我尷尬的解釋所謂的音樂，是生活中的音樂。雨聲是樂音，蟲鳴鳥叫也是。我再舉打擊樂的樂器，也會採用我們的日常用品……我說了半天，孩子雖微笑聽著，但臉上掩不住失望。

我說的不是他們要的答案。

「放心啦！校長媽媽一定會成立管樂團，讓你們免費學音樂。」

我一說，他們立即興奮的說：「一定要立即報名。」

「可是樂器很貴耶！」溫婷替我憂心哪來的錢。

「哎呀！你不用替校長媽媽煩惱啦！她一定有辦法的。」小珍對我可真有信心。

一把薩克斯風＋兩把小喇叭＝管樂團？

但我現在可窘迫了。

高老師募來的舊樂器，光修理就需要數十萬。「修理費不說，零件有沒有就是個大問題。」樂器行老闆如此說明。

我找來中興國中畢業的陳仰予老師幫我忙。他曾在樂器行任職，目前在多所學校擔任管樂團指揮。

他知道我學校窮，無法租樂器車，把樂器載過去，因此協調樂器行派車，幫忙載回去。

個把月後，他告訴我因為欠缺零件，只能拆掉重組，十幾把樂器組成完整的三把。

我洩氣得很，心裡有些怪高老師：「借到那一點點舊樂器，就夢想成立管樂團。」一把薩克斯風＋兩把小喇叭＝管樂團？

終於借到七把樂器

「校長，鳳鳴國中曾買了幾把樂器想組團，可是他們沒成功。或許，你可以去跟他們借。」

仰予把樂器行的訊息告訴我。我一聽，毫不遲疑，帶著淑娥立即前往。

鳳鳴國中與宏仁有六十幾公里的距離，是一所規模僅六班的小學校，也是我的國中母校。

或許是母校的因緣，陳恆旭校長考慮了一下，答應了。

總務處蔡永祥主任高興的說：「東西要有人用才好，放著也是形同浪費。」

當天，我們借到了七把樂器。

十把樂器依然無法組成管樂團，所以我在合作社與退休老師們喝茶時，才顯露煩惱神色，讓心細的淑芬發覺了。

碰一鼻子灰

「校長，國中有樂器可以借，高中應該也有吧？說不定他們有舊的樂器，還可以送給我們呢！」吳清源老師給我出了個主意。

「仰予，你幫我查南投縣有成立管樂團的高中有哪些？」我馬上打電話給仰予，他也立即把資料給我。

其中某一所鄰近的高中，教務主任正好熟識，向他打聽。他說我真幸運，問到他們學校就對了。

「前幾年訓導處花了一百多萬元購買樂器，參加管樂社團人數不多，而且練習也是有一搭沒一搭的，一整年，練不了幾星期。有些樂器，還擺在倉庫沒拆封呢！你找訓導主任問看看能不能借？但千萬不要說是我告訴你的喔！」

喔！耶！太棒了，我打電話給校長。他說不清楚樂團的情形，要我直接與訓導處聯繫。我迫不及待要淑娥先打電話給該校訓導主任，詢問他們管樂團的事情。

「我們有許多孩子到他們學校就讀，你告訴他，先借樂器給我們的學生練。這些學生將來若去讀他們學校，就形同我們先幫忙訓練，讓他們接收。」我喜孜孜的開始在腦海裡規劃借到後成團的事宜。

淑娥在午後找到了那所高中的訓導主任，也表明了希望，更提出我們學生就讀那所高中的比例。

「我想我們是他的大客戶，他應該會借的。」

淑娥說到這裡，嘆一口氣：「誰知道他們拒絕了。」

「他們不是沒怎麼使用嗎？聽說有很多都未拆封呢！」我急了！也氣了！

「主任說有可能會再練，所以不能借。」

「你可以告訴他，等他要練的時候，一定保證完整歸還。」

「我都說了，但他仍不同意。」

淑娥告訴我周旋的過程。

我聽著、氣著，不禁沉重的嘆了一口氣。

「我之前打電話給校長，他說由主任那邊決定，我就該嗅出不對勁了，竟然還單純的要你打電話。」我抱歉讓淑娥碰一鼻子灰。

「沒打的話，就沒辦法確定他們的立場，也就不會知道他們是何種人。」淑娥反過來安慰我。

最深的挫敗

那晚，我打給昔日的一位長官，他也在當高中校長。

我委屈的把所碰到的事一五一十告訴他，以為他也會義憤填膺，但沒想到，他卻笑我：「你太單純了，這是他學校的財產，他為什麼要借你？」

「就算不用，也不借。」他以絕對的語氣說著，然後再加一句：「就算我，我也不借。」

我失望的掛斷電話，想到小小偏遠學校的主任說的：「東西要有人用才好，放著也是形同浪費。」再對照高中校長說的：「就算不用，也不借。」更想到漚婷、小珍的希望，我沉沉的嘆了口氣。

那夜，我走上四樓，想吹吹風，透透氣。
抬起頭看夜色，夜，好黑！好黑！

同仁好意的勸我別成立管樂團。
他們說：「就算有樂器，老師的鐘點費呢？那更是驚人呀！」
我告訴他們，那不是問題。
但，接著他們說出了他們內心的一個想法，就讓我整個快抓狂了。

到台北放手一搏，爭取管樂經費

「我拿到管樂隊經費了。」我打電話給老公，只說了這句話，便哽咽得無法言語。

為了借不到樂器，我傷透腦筋，整個人像要瘋了似的。

因為來宏中已經邁入第三年了。四年一聘的任期，我若第四年期滿被調走，怎對得起高任勇老師？

看到溋婷及小珍，我尷尬的說：「對不起。」

她們很體貼的跟我喊：「加油。」還說相信我一定能做到。只要能成功，就算是讓學弟妹們學，也是很棒的。

我想到沒法可想了，只好找許銘仁。

我開始對他遊說社團活動的好。我告訴他多元學習活動，培育弱勢孩子的能力。有趣、多元的學習活動也可以降低中輟率，最重要的是我成立管樂團，讓高關懷的孩子及家境差的孩子就讀，可以藉音樂化解壓力，紓解憂愁。

「想想看，救回一個憂鬱自傷的孩子，無價呀！」

他聽我費心的說明，知道我的用意。

他笑著說：「年底要召開基金會董事會。你來等看看，看最後有沒有時間讓你報告？以爭取經費。」

許銘仁說，他不敢把握一定有時間。

我告訴他：「只要有一絲機會，我都會努力把握。」

連五線譜都不會，怎麼學？

台北的冬天，陰陰鬱鬱的。那天，我在內湖瑞光大樓基金會總部辦公室等，董事們在會議室開會。我一顆心懸著，心裡惴惴不安，也難消鬱悶。

我的鬱悶來自於我要到台北前，有同仁好意的勸我別成立管樂團。

他們說：「就算有樂器，分部老師及指揮老師的鐘點費呢？那更是驚人呀！」

「學生連五線譜都不會看，怎麼學？」

我覺得他們說的都是可以解決的問題，所以我只是一笑置之，並告訴他們，那都不成問題。

但，接著他們說出了他們內心的一個想法，就讓我整個快抓狂了。

「校長，你不要拿中興來與宏仁比。這邊的孩子學不來的。你不要打擊孩子的信心，你不要消費這邊的學生了。」

我不明白，為什麼他們要對孩子這麼沒信心？

第一年我來，他們便說宏仁只有不入流的學生，教不來的。事實證明，我們用對方法，成績年年提升，按比率算已可說是埔里第一第二了。這樣的數據，竟還不能消弭他們的疑慮？

教育的最大產值

「李枝桃，來，讓你報告了。」許銘仁叫我進入。他引言說明我要幫忙爭取經費的用意，然後換我報告。

我記住許銘仁提醒我的要點：「四分鐘之內，無法說明重點，並吸引人注意，就不算是個好報告。」因此，我掌握為什麼要做、如何做、有什麼效益、未來性等報告。

「一個樂團要花費一兩百萬買樂器，你說要幫助弱勢孩子學習，砸下這麼多錢。究竟能幫助多少孩子？」一位董事以經濟效益的觀點問我。

我看向他，也緩緩看著大家，清了清喉嚨說：「從商的人都會說產值、毛利之類的話，我不懂這些詞，但我知道**只要幫助一個憂鬱自傷的孩子迎向陽光，就是最大產值，只要協助一名有中輟之虞的孩子回校學習，便是最大毛利。**」

我知道，我這段話已經打動他們了，於是我再繼續下猛藥，「各位記得白曉燕案件中的陳進興吧？為了抓他，我們付出了多少社會成本？是三、四億元呀！如果今天花個一兩百萬元在教育上，讓我們的社會可以少一個陳進興，各位，您覺得花這些錢值不值得？」

我說完，已經有人頻頻點頭。

在那當下，我便知道，我爭取到了。

但我想，我應該更感性些，於是我下一個結語：「**即使撒下一把種子，只有一顆發芽，也請勿吝惜；即使種下一園林木，只有一棵存活，也請勿卻步，因為一顆種子也可能長成大樹，一棵小樹也可能綠蔭如蓋。**」

在掌聲中，董事們決議給我經費。

我不是來要錢的

「看是需要一百萬或是多少，提計畫上來吧！」

我謝謝他們，但我說：「我不是來要錢的。」

許銘仁聽到我這一說，第一個愣住了。

他一定覺得我在耍他。明明我事先已做好預算表，也先讓他看過，怎麼在現場卻裝假，不要錢？

「我不要錢，我要樂器。」

我告訴他們，公務機關採購法繁瑣，等到公開上網、招標成功到完成交貨，曠日費時之外，又容易因為小細節不查，惹上麻煩，我也不想麻煩總務處，因此「可否你們買來送給我們？你們認識的人多，一定可以買到既便宜又好的。」我說完，就把所需樂器的清單交上去。

大家笑了出來。「李校長，原來你老早準備好了，好吧！就買好後，立即送下去給他們吧！」

意義非凡的要求

「我還有一個小小的要求。」

當我再提出有要求時，大家看向我，一副「你又要怎樣」的表情。

「我希望各位董事們能親自將樂器交給我們的孩子。我想讓他們感受到關懷，更想讓埔里人知道有一群台北人在關心埔里的孩子，希望能收到拋磚引玉之效。」我說完，許銘仁也出面幫我敲邊鼓：「我們就當作到埔里一遊吧！大家一起去吧！」

一切都底定了後，許銘仁送我下樓。他說我剛剛說得很感人，很流暢。「你有準備喔？」

「機會是給準備好的人，我沙盤推演、演練多時呀！」我笑著說。

但是到車站候車回家時，打電話給老公，才講一句：「我拿到管樂隊經費了。」便哽咽得無法言語。

是心酸湧上心頭，是高興，但更是另一個壓力的到來：「鐘點費呢？」

我又得貸款了嗎？

「校長，你當初為什麼不想一些不用花錢的社團？」
「買這麼貴的樂器，會不會最後變成一種浪費？」
「有一天，你離開宏仁後，這樂團會不會變成新校長的困擾？」

樂器送來了，希望進來了

「來了，來了，他們來了。」二〇〇八年一月十八日，普仁基金會的一群董事們堅守承諾，送樂器到學校來。

孩子們興奮的喊著。看著一輛輛從沒見過的名車進入校園，大家的眼睛都放大了，嘴形也都呈現O形。

「校長，你的小march還真是小。」輔導主任孟桂笑說，賓士車與我的白色小車並列在一起，有強烈的對比。

我笑著回她：「我小雖小，但很有power喔！」一句雙關語，讓我們相視一笑。

開始下樂器時，大家的嘴形又再一次呈現O形，眼睛也瞪得又圓又大。
嶄新樂器閃亮的顏色讓孩子「哇—喔—」的大叫，法國號的巨大造型讓孩子哇得更大聲。
地方人士、家長與老師們濟濟一堂。大家在禮堂中，一起見證捐贈儀式。
董事們把樂器交給孩子，一句：「加油喔！」一聲：「你一定可以！」孩子的眼睛亮了。
我看到希望的光芒在孩子的眼中閃爍，我也看到董事們的眼神變了，一個個從凜不可侵的大企業董事長變成溫柔的叔叔伯伯了。
轉身，我也看到家長及老師們的眼神，是高興喜悅，但似乎還有一點別的東西。我想是我多心了。

加料的午餐

中午，許銘仁事先拿了一筆錢，要我讓孩子加菜，董事們也一起與孩子們用營養午餐。簡單的三菜一湯，外加許銘仁送的雞腿，讓大家吃得津津有味。
「這可能是我們吃過最好吃的一餐了，你們加了什麼料呀！怎麼這麼好吃？」基金會執行長心滿意足的一說，其他董事也頻頻呼應。

「加了一個特別的料，很特別的喔！」

我這一說，他們都看向我。

「加了你們的愛心。這個材料夠特別吧！」

我一說，大家都笑了。

執行長呂連枝再舀一勺湯說：「這麼特別的材料，要多加些才好！」

當天送走了董事長們，與一些老師及家長聊天，我仍處於興奮的狀態，以為他們應該也是一樣興奮的，可是我又看到了他們眼神中透露出特別的訊息。

我總是想，一定有辦法的

有人問我：「管樂是有錢人玩的玩意兒，音樂班的學生要繳多少的錢，來請老師指導呀！我們的孩子都那麼窮，學校也沒經費，你怎麼延聘音樂老師？」

有人說出他的看法：「校長，你當初為什麼不想一些不用花錢的社團，讓孩子參加？感覺成立管樂團是有點自找麻煩。」

還有人說：「買這麼貴的樂器，會不會到最後變成一種浪費？」

更有人說：「校長，或許你能募款組樂團，但有一天，你離開宏仁後，這樂團會不會變成新校長的困擾？」

……大家憂心忡忡的表述自己的看法。

全是一群善良的人，怕浪費、怕傷孩子的信心、怕往後需要大筆的經費……

我告訴他們：「你們想的、說的，都沒錯，但你們的思考模式是『有問題喔！沒辦法』，我則是『一定有辦法，沒問題』，看吧！我會一一克服問題，找到各種辦法的。」

大家不再說什麼了，只要我別太勉強。唉！好一群保守的好人！

主動表示願意幫忙

從那天後，孩子們便展開練習，我以前服務的中興國中的校友陳仰予（已是管樂比賽的常勝指導老師），主動表示願意幫我的忙。每星期從台中來埔里，兩次教導我們的孩子。

我開玩笑的對他說：「我們能給你的鐘點費三百六十元，正好付你來回的車錢，再加一個六十元的便當，你等於是來當義工喔！」

他笑笑的回答我：「本來就是為了幫你的忙呀！」

不能對不起人家啊！

寒假期間，已畢業的溫婷回來找我聊天，從青少年要轉換成少女的她，雖開始有點矜持的模樣出現，但說起話來，還是不改過去的爽朗活潑：「校長媽媽，以前你說會幫我們學校成立管樂團，我們以為你說著玩的，沒想到，你真的找到資源了，真的成立了。」她嘰哩呱啦的說看到報紙報導基金會贊助的新聞。

我與她聊著學校的近況，寧靜的校園卻老是有ㄅㄨ——ㄅㄨ——的噪音傳來。我忍不住跑到外面走廊，往樓下喊新上任的總務主任林志南：「志南，是什麼機器壞了？找人修一修吧！」

他用手指著後方的視聽教室：「校長，是管樂團在練習啦！」

我一聽，尷尬得不得了，只好自我解嘲：「一年後就不一樣。」

我身後的溫婷不禁笑了出來。她說看到學妹們拿著嶄新的樂器在練習，心裡好羨慕、忌妒，語調有些酸酸的說：「唉，我們就沒這個福氣呀！」

我向她抱歉未能在她畢業前募集到管樂器。

她馬上說沒關係，學妹們能練到就好了，還說：「等今年暑假，我要回來督導學妹們練習。人家送我們這麼好的樂器，如果不好好練，不是要對不起人家了嗎？」

我聽著她時而低沉，時而高亢的發表意見，笑著拉過她的手打勾勾。決定今年暑假讓她回來當個小老師，她高興得拚命點頭。

為了練習，吹破皮

開學第一天，一個孩子拿著一把樂器，很有自信的向我問好。

我問她吹哪種樂器。她告訴我是豎笛。

我隨口說：「那不容易吹耶！」

孩子馬上把頭仰高，讓我看她的嘴唇：「校長媽媽，你看我的嘴唇都吹破了唷！」我心疼的要她小心點，先歇歇，別再練習了。

她卻直搖頭：「不行的。年底要比賽，快來不及了，我們想要有好成績給那些送我們樂器的叔叔伯伯看。」

說完，她抿一下嘴唇又說：「我還要讓我的鄰居看看我們可以參加比賽的。他們竟然笑我們，說校長你在玩我們。校長媽媽，你別擔心。我們很年輕，沒事的。我們會讓那些笑我們的人笑不出來，也會讓你驕傲的。」

說完，她笑著跑開了。

看著孩子的背影，二月的寒天裡，我心裡面卻覺得暖呼呼的。

我知道孩子一定可以的，我就是知道孩子一定可以的。

我看到陳老師一聽到哪裡吹錯了，就重來一遍，
而且每一次都錯在同一點，不禁急著叫：
「都要比賽了，還在糾正，連一遍都未曾走完，怎麼比？怎麼比呀?!」

全縣管樂競賽初體驗

「校長，怎麼辦？我一直連續失眠，緊張到胃痛。」

音樂老師曉君在全縣音樂比賽前一個月，便向我訴苦。原本就是巴掌臉的她，因為緊蹙著眉，臉蛋兒顯得更小了。

「屆時上台指揮的是陳仰予老師，又不是你，你緊張個什麼勁兒？放輕鬆！放輕鬆！」我安慰她，但她的眉依然舒展不開來。

記得一開始練習管樂時，陳仰予老師便問我要不要讓孩子參加比賽，我點頭說：

「要！」

「不管比賽成績如何，總要讓孩子們到外面看看、學學。最重要的是，比賽代表對他們的肯定，因此把目標放在縣賽吧！」

為此，不但陳老師加緊腳步教導，學校的音樂老師、學務處的鄭主任淑娥、前後任訓育組長玲玟及語婷，都卯足了勁兒，盯著學生學。

期間，我看到孩子們吹到嘴破了，仍用力的吹。我也看到老師們心急的鼓勵孩子，甚或責罵孩子，但最重要的是，我看到孩子們的臉上散發出光彩。

氣質大改造

一個個原本是不識五線譜、沒摸過樂器的孩子，拿著樂器回家練習時，不但腰挺直、頭抬高。重要的是，在他們的身上看到了自信。

「音樂的改變力量太大了，如果讓這些高關懷的孩子去練田徑，可以發洩他們的體力，但卻改變不了他們的氣質。沒想到，一把長笛、薩克斯風就可以讓他們『走路有風』，太神奇了！」

輔導主任孟桂笑著說起一名原本講話、走路都充滿江湖味的孩子，拿起樂器後，臉上有稜有角的線條竟然變柔和了，說起話，也刻意的文雅起來。

「太神奇了！太神奇了！」孟桂頻頻驚嘆著。

其實，我可以理解孩子們的改變，因為那把樂器對他們而言就是身分地位的象徵。拿著樂器的他們，自我感覺身分地位提升了，自然走路、說話都不同了。

不想孩子留著缺憾啊！

記得我國小二年級時，我的音樂老師帶著她的兒子來學校玩。一個來自市區的男生本來就吸引人注意，又看到他坐在風琴前，優雅的彈著曲子。大家都跑來聽他演奏，對他也就充滿敬意。

對於當時住在八卦山上，經濟普遍不佳的我們來說。他會彈琴，就代表他的身分地位高我們一等。

由老師的兒子彈琴的那一幕，我開始夢想著自己坐在鋼琴旁，優雅的舞動十指，在黑白鍵上輕柔的彈奏著，於是我忍不住向父親提出要求，要學鋼琴，但父親卻拿出一把口琴給我。

他告訴我，別看輕這一把可以放在口袋、隨身攜帶的口琴。這一把小得可以讓你忘了它的存在的口琴，它能在吐納吹吸中，創造出優雅的樂音，讓聽到的人感動不已。

當時任由父親再三遊說，我仍任性的拒絕父親的好意，也拒絕了音樂。

我女兒小學時也要求我要學鋼琴。當時，我的經濟情況並不允許買鋼琴，因此我以鋼琴無法隨時攜帶在旁練習為由，勸說女兒改學長笛。我也一樣以方便攜帶、很有氣質等理由遊說女兒接受。

當時，我沒有對女兒說明經濟困難的原因，但心中卻明白了父親當時要我學口琴的無奈，也由之我在中興國中服務時，成立管樂團，到宏仁一樣成立。因為我多希望讓無法擁有樂器，想學的孩子能有機會學習，有機會上台，不要像我一樣，留著一個缺憾呀！

這決定會不會太殘忍？

不過畢竟他們沒有音樂底子，不像他校的管樂隊是要甄試、挑選成員的，所以十個月的時間要學會看譜吹奏已不容易，又要倉卒的練習指定曲及自選曲，簡直是不可能的任務，因此難怪老師個個緊繃著神經。

淑娥就曾開玩笑的說：「學生沒被嚇死前，我們會先被嚇死；他們沒被累死前，我們也會先被累死。」

我原本都是輕輕鬆鬆的態度，只負責慰勞老師、鼓勵學生，但比賽前一天，聽到曉君報告說他們都分段練習，竟然未從頭到尾吹過一遍，我也緊張得大叫：「這樣怎麼上台比賽呀？」

他們聽到不禁噗哧笑出來：「哈哈！原來校長你也會緊張呀！」

當天比賽前，我向在比賽地點附近的南投高中借用活動中心練習。

我看到陳老師一聽到哪裡吹錯了，就重來一遍，而且每一次都錯在同一點，不禁急著叫：「都要比賽了，還在糾正，連一遍都未曾走完，怎麼比？怎麼比呀?!」

曉君看我急的模樣，忍不住笑著安慰我：「別緊張。」還要我相信老師、相信學生。

但要叫我如何相信？人家說眼見為憑，我總要「聽過」才可以相信吧！

因此當他們進入比賽時，我嚇得坐立難安，只好跑到門外透氣，又開始「阿彌陀佛」、「大慈大悲觀世音菩薩」的唸著。

一邊唸，我也一遍遍反思，要孩子們參加比賽的決定會不會太殘忍？他們若吹不出來，以後如何重建他們的信心？

全都是我的孩子啊！

我愈想愈緊張，腳步也愈錯亂，在外面，我根本無法靜靜的坐著或站著。

但曉君老師說對了，的確要相信老師及孩子。

站在門外的我，被他們演奏的優美曲調所吸引。我開始一步步往裡面移，他們順利演奏完指定曲，我已忍不住想叫好，但不能叫，我只好抓著旁邊的人說：「他們好棒！是不是？」

旁邊的觀眾笑著點頭，還問我：「你的孩子來比賽呀！」

我點點頭。

他問我：「哪一個？」

我用手一指：「全部都是。」

那人帶著狐疑眼光想問我，下一曲已經要開始了。我用食指放在唇邊，要他別問了。

接下去，演奏的曲目是陳老師特別為我們挑選的〈創世紀〉，時而磅礡，時而柔美的樂音，讓我的淚水奪眶而出。

我好想大喊，好想大叫：「這是我們宏仁的寶貝。這是一批從不敢想像能學習演奏樂器的孩子。」

我們做到了！

孩子比完後，個個興奮的叫著：「好緊張喔！超緊張的！」

老師們也難掩興奮的對我說：「他們做到了，他們做到了！」

「不，不僅是他們做到了，也是我們做到了。」我告訴老師，是一群我們認識與不認識的人做到了。

想想若非善心人士捐款，普仁基金會的引導計畫怎能成行？若非學校老師努力不懈的指導，孩子怎能表現出色？若非學校附近的地母廟知道我們的努力，主動表示要捐助第一年的鐘點費，我們怎有能力聘請八名分部老師來指導？

成績公布後，出乎我們的預料，我們竟取得代表權，可以參加明年三月的全國比賽分區賽。

向全國比賽邁進

「我想就到這裡為止吧！」我擔心孩子去參加全國賽，會因挫敗而傷到自信心，因此設定停損點，到縣賽為止。

「孩子一定很期盼參加的。我們應該要讓孩子去比賽的。」

有老師聽到我不讓孩子參加全國分區賽，紛紛來建言。

他們一字一句都是要參加，不要傷了孩子的心。

我沉重的告訴他們：「沒有鐘點費呀！」

一聽到鐘點費，語婷緊張得大叫：「對喔，怎麼辦？明年三月要參加全國比賽，勢必要加緊練習，外聘老師的鐘點費怎麼辦？」

「哎呀！別緊張，我們可以到外面演奏募款。」

「我們可以找有能力的家長委員捐款。」

「先從我們自己做起吧！來，大家先把出差旅費交出來喔！」……

看著老師們努力的想辦法湊錢，想著孩子們從欠缺自信的鄉下孩子，到今天穿著白上衣、黑長裙，優雅且有自信的在台上演奏。

〈創世紀〉的樂音仍縈繞在耳，我的淚水又止不住的流了出來。

近六點時，淑娥打我電話。

我急著問：「是成績怎麼了嗎？」

「成績怎會這樣？」

我一聽，心中大喊不妙：「怎麼，連個甲等都不給嗎？」

他們哭著回來

「為了孩子要參加全國比賽，捐出我們的出差旅費或鐘點費吧！」淑娥一吆喝，竟收到十七萬多元。

這一個比賽激起了老師們的鬥志。

他們意識到原來我們的孩子，不一定非得練習拔河或田徑、棒球等消耗體能的運動項目。

在大家認知中，困難重重的音樂領域，我們的孩子竟也能拔得頭籌，這個事實讓以往大家的質疑都不見了，如今，大家見到孩子，就是一句句「加油！」「要努力喔！」

「你們太厲害了！」孩子們整個容光煥發，成就帶來鬥志與毅力。從比賽回來，他們知道老師們的成全，才讓他們能參加全國分區比賽，就更急迫要練習。

一個都不少，天天拚命練習

寒假期間，孩子們一個都不少，天天到校練習，許多老師也跑來聽，並看看有沒有什麼好幫忙的，但更重要的是，來給孩子加油打氣。

「哪會這麼棒呀！這是我們宏仁幾十年來第一次耶！」退休的吳老師嘖嘖稱奇。

「最重要的是，整個學校都融入其中，大家不分彼此，這種感情的表現也是幾十年來第一次。」冉老師也說出他的感慨。

「我媽媽說她覺得『足』感動，要我幫她捐兩千元。」合作社淑芬用強調的語氣形容媽媽的感動。

我接過兩千元，請她轉告媽媽：「這是宏中管樂團永遠的基金，是孩子永遠的力量來源。」

諸多的祝福匯集成一股力量。孩子要出發前，已充滿雄心壯志，儼然自己必得冠軍般。

我心中的痛

我想到小時候參加國語文演講比賽，意外得了個第一。報紙上刊載我的名字，我恨不得全村的人都知道，拿著報紙四處問嬸婆、叔公知不知道這個新聞。

當時，我父親帶我到後院的池塘釣魚。住在山上的我們老是缺水，因此爺爺就挖了個大水池，池裡養著吳郭魚。我喜歡和爸爸一起釣魚。

向來不苟言笑的父親，問我，池塘裡什麼魚最大。

我不假思索回答：「吳郭魚。」

父親點點頭，手拿著釣竿，眼睛看著水面，緩緩的說：「你就是池塘裡的吳郭魚。」

我的父親受日式教育，做事嚴謹，做人更是嚴厲。我們兄弟姊妹在校考試得一百分，企盼他看到考卷會高興的誇一兩句，但他總是冷淡的說：「那就是一個學生該認真盡到的本分，沒啥好誇的。」

因此當我聽到父親說，我是池塘裡最大的吳郭魚，我感動又興奮，覺得父親說的一定就是我代表出去比賽，一定會得第一。

比賽慘遭滑鐵盧回來後，我低著頭，進家門，不想吃飯。

爸爸要我別為一個必然的結果傷心，我氣不過，說：「你不是說我是最大的吳郭魚嗎？怎會是必然的結果？」

他冷笑著問我：「地點在哪裡？」

我囁嚅著說：「池塘。」

他稍稍提高聲量說：「你只能在池塘裡稱大。出了池塘，你什麼都不是。」

這件往事是我心中的痛，「只能在池塘裡稱大，出了池塘，你什麼都不是。」這兩句話雖殘忍，但說得沒錯，是我沒認清情況，明白己力，才會由雲端狠狠摔下。因此，我絕不能讓孩子們遭受到過度興奮後重重摔下的苦楚，所以我要淑娥在他們出發去比賽前集合，我要鼓勵他們。

孩子承擔得住嗎？

孩子們真的興奮莫名，一個個盤腿坐著、仰著頭看我，還說：「校長媽媽，你要開會，不能去看我們比賽，太可惜了。我們一定會拿到好成績，送給你的。」

「寶貝，一個比賽是一個驗證，驗證我們努力的結果。今天不管你們比賽成績如何。

你們的認真，我看在眼裡，在我心中，你們已經是第一名了……」

不論我說什麼，他們都一個勁兒的點頭，臉上還是藏不住笑意。

我看著這些小臉蛋，心裡著急著：今天他們要遭受多大的挫敗呀！他們承擔得住嗎？

「校長，你是擔心人家都是從小訓練的好手組成的管樂團，我們是從零開始的零零落落（閩南語諧音）團。我們的成績會很難看，是吧？」淑娥解讀我的心理。

我告訴她，全國分區賽是很仁慈的，再差都會給個甲，所以不用擔憂。

我只是煩惱孩子過度期望，會導致過度失望。

「比賽完就回來吧！別等成績揭曉，這樣住在山上的孩子，就可以早點安全的回家，也可以避免當場遭受打擊。」我如此交代淑娥。

我沒辦法不這麼愛孩子

「淑娥，都四點了，你們早該到校了。苗栗到埔里，三小時也該到了吧！」下午我打電話給淑娥，劈哩啪啦的問。

「孩子說回去後，就要把樂器交給學妹們。他們想多吹幾次，所以在苗栗藝文館外對著馬路吹，許多民眾都停下腳步聽，還熱烈鼓掌呢！我看都這麼晚了，乾脆等成績公布，參加頒獎典禮吧！」

淑娥也感染到孩子的興奮吧！講起話來，少了平日的低沉穩重。

我可以想像這些孩子興奮、大聲、大力演奏的模樣。在他們的生命中，是管樂讓他們發光發亮；是管樂讓他們找到努力的路途。

前一段時日，一名叫佳均的孩子得意的告訴我：「校長媽媽，有一部電影叫《搖擺女孩》很好看，但我覺得我們的故事比《搖擺女孩》更感人。」我的眼前馬上浮現佳均的笑臉。

「我看回來吧！不然，等會兒你還要一路安慰他們。」

我雖如此勸淑娥，但她還是希望能留到最後一刻，「就算最慘痛的經驗，該承受的還是承受吧！校長，你不要這麼疼愛這些孩子。」

我嘆一口氣，答應了。但我沒辦法不這麼愛這些孩子。

從看不懂五線譜，到和曉明女中並列優等

近六點時，我正開車回家。在中潭公路上，淑娥打我車上電話，叫我一聲「校長」就停頓了。

我急著問：「怎麼了？是成績怎麼了嗎？」

「成績怎會這樣？」

我一聽，心中大喊不妙：「怎麼，連個甲等都不給嗎？」

「不是呀！我們怎麼可能和曉明女中並列優等？人家她們是從小訓練、栽培有氣質的公主，我們只是鄉下來的呱呱噪噪、純真的小女孩，我們居然和她們並列優等？」

淑娥一連串的「怎麼會這樣」，她是驚訝過度？還是興奮過度？

「天吶！**我們不只是創下宏仁的紀錄，也寫下埔里的紀錄了。**孩子怎麼這棒呀！他們一定很興奮吧？」

我跟著興奮的大叫，若不是在開車，我真要起來轉一圈，大叫大跳：「我宏仁的孩子棒！棒！棒！」

「校長，你聽！」淑娥把手機拿開，讓我聽車上的聲音，以為是興奮大叫呢！怎麼是哭聲呢？

「校長，你知道嗎？孩子們待到成績揭曉。知道我們得到優等後，大家互相擁抱著哭。有人哭哭停停，一路從苗栗哭到現在，還在哭，搞得我們老師們也跟著哭。」淑娥說著說著，聲音又哽咽，說不下去。

我聽著淑娥說，聽著孩子的哭聲。

在中潭公路上，昏暗夜色中，我也放聲大哭。任由淚水濕滿衣襟，任由往事一幕幕從眼前飛掠而過……

回到中興新村，我先拐彎到布朗斯麵包店買麵包。永遠笑臉迎人的老闆夫婦看到我，就驚訝的問我：「校長，你的眼睛怎麼紅紅腫腫的？」

我把故事說一遍給他們聽，我自己又哭一遍。

老闆娘秋宜也陪著掉淚：「校長，好感人喔！」

麵包店老闆感動到要送孩子蛋糕

老闆要我第二天上班前到他店裡一趟。

我說：「太早了，我都六點前就出門了，何況叫我那麼早來是要做啥？」

「今晚，我要連夜趕工。我要送給每個孩子一個蛋糕，你幫我告訴他們：『我沒見過比他們更好的了！他們真的很棒！』」

「天吶！我怎麼都遇到好人呢！」我驚呼著。

「物以類聚呀！」老闆一說，我和老闆娘不禁破涕而笑。

達成一輩子的夢想

第二天，佳均遇到我，興奮的跑過來：「校長媽媽，你知道我們一路從苗栗哭回埔里嗎？」

我點點頭，她接著問：「校長媽媽，如果你在現場，你一定也會哭，對吧？」

我拚命點頭，眼眶竟不由自主的又紅了。

孩子在下課時，紛紛來找我，個個喜不自勝。

我誇他們讚，初生之犢不畏虎。

他們俏皮的回我：「我們要看老師指揮，又要記住背誦的樂譜，忘了害怕。」

想到當初老師皺眉，抱怨學生看不懂五線譜，只能記簡譜，想到孩子們努力的在放學後，一遍又一遍不放棄的吹著，想到熟悉與不熟悉的人，為圓孩子的夢而捐款或捐樂器，再聽到孩子告訴我：「**以為一輩子都無法達成的夢想，竟然達成了，我們沒辦法忍住哭泣。大家說不要哭，我們該大笑的，但奇怪咧！講著講著就是忍不住掉淚，結果就從比賽地點哭回家了。**」

我的淚再也無法遏抑。孩子看到我哭，又與我擁抱，哭了起來。

接過他們獻上的獎狀，我想告訴潑我冷水的人：只要有心，凡事皆有可能。我想勉勵有心，卻退縮的老師：收拾起埋怨，關心孩子，先從我們自身做起吧！

我也想告訴所有的人，幫孩子圓夢的感覺棒呆了！真的，棒呆了！

有個孩子考上台中一中，一年後卻必須回鄉下就讀。
當時我建議助學貸款，但家長卻對我說：
「校長，你不了解我們窮苦人家。不是助學貸款就可以讓孩子讀書的。
每週從台中回埔里，光車錢就要三百元，還有生活費，怎麼辦？」

普仁基金會，開啟奉獻之路

許銘仁接下「普仁關懷青少年基金會」的董事長一職後，他謹慎的問：「我該如何才能真正幫助到孩子？該如何才能培養孩子感恩、回饋的心？」

細膩且周全的配套

我知道他希望錢要花在刀口上，畢竟那都是愛心捐款。他也希望錢用在孩子的教育上，而不致被某些不肖的家長給領用了。

我想起以前我服務的某所學校中的一對兄妹。他們的母親亡故，與單親父親同住在工寮中。有一天，工寮起火，兄妹逃過一劫，但父親卻在火災中喪生。

當時我們全校師生發動樂捐，一筆二十、三十萬元的捐款，卻引來平常不往來的叔伯及姑姑們的覬覦。他們到校爭吵要那筆錢，讓樂捐的師生徹底感到心寒。

因之，我建議許銘仁要設定捐款的方式及條件：例如按月捐款，可讓孩子繳交不時之需的花費，但這些捐款撥入孩子的郵局帳戶中。

為避免家長花用，因此受援助的學生家長，需同意印章由導師保管，存摺由孩子保管，請導師指導孩子記帳的能力及應有的儲蓄觀念。

而為了孩子的自尊，並讓孩子知道我們生活在一個有錢出錢、有力出力的社會中，所以要求被援助的孩子，每月需主動幫助他人做事十小時，讓他了解別人出錢幫他。他雖沒錢，但卻有雙手的力量可幫助他人。至於幫助的是家人或是何人，應採信任原則。

我忘不了家長的表情

我提到每月捐款是因為我看到許多慈善機構，只注意到貧困孩子就學的問題，因此，往往在開學初，補助學童註冊費或是營養午餐費，務求幫助學童能順利就學。可是繳了這兩項費用後，學童即使能上學，且有午餐可以吃，但他們仍可能面臨繳不出課輔費，而無法加強課業輔導，可能拿不出校外教學經費，而被迫放棄校外教學或畢業旅行……在求學路上依然可能面臨無數無錢可交，而羞愧低頭的窘狀。

我也提到之前有一名孩子發願要考上台中一中，努力的達成了心願，但一年後卻因為家境差，而必須轉學回鄉下就讀，當時我也以「可以助學貸款」來詢問他的父親，但擔任駕駛的家長卻看著我說：「校長，你不了解我們窮苦人家。不是助學貸款就可以讓孩子讀書的。每週從台中回埔里，光車錢就要三百元，還有生活費，怎麼辦？」

我怎麼都忘不了家長心酸的表情。

許銘仁沉思許久，堅定的告訴我：「我們無法改變台灣的社會現象，我們無法改變教育資源的分配，我們無法改變學生的家庭狀況……但是我們可以適時的伸手。」財團法人普仁青年關懷基金會也由此提出「大手拉小手——助學計畫」，開始幫助經濟弱勢的學童。

就為了「多養幾個孩子」

剛開始，我並不認為他來真的，我認為這只是有錢人一時的衝動與想法罷了，但那年中秋節前夕，我對他的觀感完全改變了。

那年中秋節前夕，一群國中同學來家裡吃飯、聊天。許銘仁看到大家都是攜家帶眷，以帶點心酸的口吻說：「我看我結不成婚，只好來養隻狗。」

我立即阻止他：「千萬別做狗奴才。」

我把養狗的麻煩處一一說給他聽，尤其是我家的老狗最近得了心臟病，每星期光住院醫療費用就高達一千八百元，每個月花在狗身上近萬元。

「那麼多錢呀！」他驚訝的說完。其他同學就起鬨：「拜託，你有多少億元的資產，哪在乎一個月近萬元的開銷呀！」

「我們基金會每月援助一名國中生是給一千五百元。算算一個月近萬元，可以養幾個孩子呀！」許銘仁一說，讓我整個愣住了。

「我要幫助他們，讓他們有自尊的生活、有保障的學習。」

「我除了要讓基金會的愛傳下去外，更要讓這些受幫助的孩子變成一股愛的力量。」

以前聽到他熱情的闡述他的想法時，我只是把他視為一個有錢人的想法，並未受到感動，但現在，他竟會在乎一個月近萬元的花費，只為了「多養幾個孩子」，我怎會不感動？

付出的幸福與快樂

「以前賺那麼多錢，買那麼多昂貴的東西，擁有豪宅、名車，也不覺得多快樂。現在付出去的錢愈多，竟愈覺得快樂，尤其是想到付出去的錢可以幫助孩子，便有一種幸福的感覺，所以我現在花錢之前都會想到，若存下來，可以幫助多少孩子呢！」

他淡淡的說著自己的改變，剛剛還羨慕著他有幾億元資產的同學們聽完都沉默了下來。

忘了那一晚，我們聊了多少過去的記憶，但，那一晚，我永遠忘不了，我們確切的咀嚼了「幸福」的真滋味，我也確信「大手拉小手——助學計畫」一定會成功的幫助孩子。

「大手拉小手——助學計畫」確切的進行，它按月補助學童就學基金（國中每月一千五百元，高中每月兩千五百元）。

第一年，基金會總共援助了全省二十幾所國中，共計五百名學生。南投縣的宏仁、北山、鳳鳴等三所國中貧困學生優先受惠。

第二年，基金會又再擴大增加援助一千兩百名學童，南投縣繼宏仁等三所國中之後，日新、水里、中寮、爽文、集集、瑞竹、魚池、民和、三光及名間等十所學校的貧困學生也受援助。

在這樣的計畫下，我學校的孩子寫下每個月擔任志工的心得。有人覺得「因為幫助了別人，所以感到自己並不卑微。」有人「因為那一本存摺簿，看見每月剩餘的錢逐漸累積，更有『踏實的感覺』……」

怵目驚心的卡片

有一年，我參加普仁基金會慶祝活動時，除了看到捐款人大匯集外，也來了許多受幫助的學生（小太陽），紛紛以拿手的節目表達謝意。有些不能來的小太陽，也寄來卡片致謝。

我到達得早，便一張一張的翻看卡片，驀然看到一張粉紅色的卡片，不是很工整的字，但卻寫得滿滿的，看得出來很用心寫下他的感想。

他在卡片中提到家裡的窘迫，讓他很難過，原本堅持一個信念是：「今天世界如何對我，將來我就如何對待社會」，還好普仁義工持續的關心、陪伴，讓他知道原來世界有愛，他說：「將來我也要關心別人。」

完整且用心的抒發他的想法，我雖感動，但卻覺得怵目驚心。

這一個孩子單純的表達他的想法，其中直接的兩句話，「今天世界如何對我，將來我就如何對待社會」，卻讓我汗涔涔。

想想，這一個孩子如果沒有碰到關愛他的老師，將他提報給社福單位尋求幫助。如果社福單位只是簡單的撥給他數千元便結案，他在惶惑、害怕中累積對世界的仇恨，一旦長大發洩出來，將給社會帶來多大的潰擊力量。

由那名孩子寫的卡片，我想到一個受到我鼓舞的孩子，告訴我，他有一天一定要在舞台上跳舞，讓當初瞧不起他的人站起來為他鼓掌。

孩子們需要的，其實真的不多

也想到普仁捐助的一名孩子，因為參加美髮建教班，有薪水後，便主動把捐助機會讓給別人，更想到一名參加烘焙職群的孩子，夢想開一家烘焙坊，並與媽媽一起經營兼賣麵包的西餐廳……其實孩子是很簡單的，他們的反應都是既直接又單純。

現在的孩子們沒什麼大夢，只想知道努力過，能否讓他們看到美好的未來？我在教育界二十幾年，看過形形色色的孩子，他們要的真的不多，他們要的只是在困苦中，有陪伴的身影；在災難中，有扶持的雙手；在黑暗中，有熒熒燭光的引導；在挫敗中，有鼓勵的力量……他們只是需要愛。

世界以愛對待他們，他們就會把愛還諸大地，如此簡單。

我真的很高興擁有許銘仁這一個同學，更高興由他發起的「大手拉小手——助學計畫」，幫助了我的孩子們，還有許許多多我不認識的孩子們。

最高興的是我的同事、家長、社區民眾因之而響應，開始了奉獻之路。

記得台北教育廣播電台專訪時，問我：
「校長，你們的孩子為什麼站著吹？不用看樂譜嗎？」
我告訴她：「孩子看不懂呀！」

感人的成果發表會

九十八年五月八日，母親節前夕，我們在埔里藝文中心，舉辦慶祝母親節管樂隊成果發表會。

這是近四十年來，宏中第一次在那麼正式的場合演出。

志南說曾在那裡觀看友校的表演，當時心裡又羨慕又酸楚的想：「宏中何時才能有這樣的藝文表演？」沒想到，現在我們便即將登台演出。

「真不敢相信。」他這麼說，眼神中有著驕傲。

其實，不敢相信的豈只是他而已，凡是在宏中服務過一段歲月，看過宏中興衰的教職員工都不敢置信。

不過，為了這一場表演，看似鎮定的我，心裡卻有著不可言喻的壓力。

壓力龐大到做惡夢

「如果表演的曲子曲高和寡，大家不喜歡怎麼辦？」

「選在母親節前夕辦理，許多單位都同時在辦理活動，萬一大家都去慶祝母親節了，萬一大家都去參加別單位的活動，萬一大家不喜歡管樂隊演出，萬一……沒人來捧場，怎麼辦？孩子們一定難過得要命，老師一定失望極了……」

心中千萬個萬一，為此我也做了惡夢，夢到演出當日，觀眾席上僅有三、四名，而且還在演出時，頻頻大聲的打呵欠，我嚇出一身冷汗醒來。

孩子從全國分區賽中，獲得優等佳績回來後，我便要訓導處積極籌畫成果發表會：「要讓鄉親分享孩子們的驕傲，要讓捐助人看看他們捐助的成果。」

淑娥問我表演場地是否要在學校禮堂，因為在學校有：方便布置、節省樂器車輛租賃費用、學生方便彩排練習等優點，最重要的一點是，不用場地租金。

我堅決的告訴她：「我要親自拜訪鎮長，我要在埔里藝文中心舉行成發。」

鎮長爽快的答應：「是埔里的孩子要表演，怎能收錢？」

克服一個又一個難題

「節目單及邀請函，還有海報也要很多錢耶！」淑娥又擔憂沒錢。

我說埔里鎮紙廠何其多，我們善用地方資源，請他們捐助一些紙。我們自己製作，何必擔憂錢？

一位忘年之交的朋友，謝照仁董事長帶我拜訪造紙龍董事長。

他二話不說，也答應了：「這是好事。校長，你要多少紙、要什麼紙，你就拿吧！」

「會場布置要怎麼辦？那也需要一筆錢耶！」淑娥又提到另一項憂慮。

我想到林賴足文教基金會曾提到工廠有很多棧板，都是很好的木材，丟掉可惜，可以捐給我們，因此我畫了個圖，請總務主任志南與退休老師趕工製作羅馬柱，然後再請好朋友開關及慧雅幫忙以現有的東西布置。

開關是音響店老闆，他看到我們克難的情況，也以最低的價錢，友情贊助音響。

「還有什麼問題嗎？」我問淑娥。

她沉哦半天：「節目不夠。孩子就只會比賽這兩首，了不起，再加練個兩首簡單的，但怎能撐一小時的節目？」

我想到當初要到台北爭取經費時，曾調查學校懂音樂的有幾個人，結果全校有百分之四懂得，又學過。

「在九百人的學校裡，也有三十幾人可以挑選上台表演吧！」

淑娥點點頭。

「這下子都沒問題了吧？」我再問。

淑娥點點頭，又搖搖頭：「最重要的問題是，音樂會的主題是什麼？」

「我就是愛管」，我定調在這五個字。希望藉「愛管」兩字，表現出「愛管樂」及「我很雞婆、愛管」的特質。

謝謝無名氏

演出當天，我很早到會場，與彩雲會長站在門口，歡迎貴賓。幾位家長委員也陪我們站成排，歡迎大家。

我唸唸有詞的說：「萬一沒什麼觀眾，可怎麼辦？」看到魚貫進入的人潮，我終於欣慰的、放心的吁了一口氣。

「還好，有滿多人來參與的。」一位家長聽到我如此說，嘉許的對我說：「校長，你這麼用心，請了宣傳車大街小巷的宣傳。當然，一定會有很多人來參與。」

我一頭霧水，轉問彩雲：「學校沒經費請宣傳車，是家長會請的嗎？」

她搖搖頭說：「我也以為是學校處理的，而且還不只是宣傳車而已。我們還看到夾報文宣呢！若不是學校請的，那到底是誰請的？」

是呀！到底是誰花錢請宣傳車，協助我們宣傳？

去廣告公司了解，他們的回答是：無名氏。

終於完成音樂老師的臨終請託

當天，整個演藝廳擠得水洩不通，座位全坐滿，還有許多人是站著聽到結束。

演奏進行中，全場鴉雀無聲。大家沉浸在樂音中，舞台上的孩子一個個認真嚴肅的臉蛋，藉由錄影機投射在舞台背景幕上。

我看著，我聽著，我想到已是癌症末期的高老師，撐著病體到學校找我，殷切希望我能把低氣壓的學校帶起來，並成立管樂團的心願。

我在心裡呼喚他：「高老師，我達成你的心願了。你看到了嗎？」

我也想到有一年，北一女中樂隊到海外表演，獲致很高的聲譽。一名孩子告訴我：「我看了也好想學喔！可惜那是有錢人才有可能學的。」我看到她無奈失望的眼神。現在我想告訴那孩子：「音樂不是有錢人才能學，你們都可以。」

困難，沒有解決不了的

我更想到從成立到訓練過程中，有多少的質疑與反對。記得承辦音樂比賽的台北教育廣播電台進行專訪時，問我：「校長，你們的孩子為什麼站著吹？不用看樂譜嗎？」我告訴她：「孩子看不懂呀！」

那些豆芽菜曾讓孩子感到困頓挫敗。我請仰予把它改成1234567的簡譜。「把它背下來吧！比賽就兩首。一年來背，沒問題的。」

我告訴主持人及聽眾：「沒有什麼困難，是不能解決的。」

最後，我想到那晚，我下定決心告訴先生：「我可能真的要貸款了。我一定要聘請分部老師來教，讓這些不識五線譜，不敢奢望能學樂器的孩子能驕傲的站上舞台演奏。」

我想告訴，地母廟董事長及善男信女們。謝謝你們的善念善款，讓我一直不用貸款，謝謝神呀！

「校長，我忍不住要哭出來了。」在如雷掌聲中，彩雲告訴我，她掉下了眼淚。

我知道，因為我也掉淚了。

許多人都掉淚了，〈創世紀〉這一首曲子選得真好、真貼切呀！我們創了一個紀錄，一個創世紀的紀錄呀！

阿嬤捐出口袋裡所有的錢

成果發表後，幫忙簽到的接待家長丹桂告訴我：「有很多家長感動得主動捐款喔！」

她告訴我，有一位阿嬤在演出後，掏出口袋中所有的錢，共有兩百一十九元，一古腦的放在簽到桌上，激動著說：「謝謝學校把孩子教得那麼好，謝謝學校把孩子教得那麼好。」

那一年暑假，漢儒基金會邀請我們到國父紀念館演出，與殷正洋、小百合、王海玲、楊燕等有實力的老牌歌星同台演出。

在後台準備時，孩子們說：「天吶！這是一生的光彩。」

老師們也說：「何止你們光彩，我們也感到很光彩。」

隨行幫忙的家長也搶著說：「我們當宏仁國中的家長也很光彩。」

「好了，等一下把這光帶出去，讓大家張不開眼吧！」我故意演出被光線刺眼、張不開眼的模樣，把大家都逗笑了。

從宏中管樂團，到埔里管樂團

演出隔天，我帶著幾名孩子到教育廣播電台接受採訪，主持人問他們訓練的過程及一些難忘的事，最後問到孩子學習管樂的過程帶給他們的改變是什麼。

佳均第一個跳出來說：「以前對自己較沒信心，不曉得自己能做什麼。現在覺得連這麼難的音樂我們都可以學得來，以後就不怕任何困難了。我以前只敢想畢業大概就讀私立學校罷了，現在，我知道我以後一定要讀國立高職。」

一年後，佳均與其他同學超過八成考上國立高中職。第二年的比賽，一樣成果輝煌。

在發表會上，我誠懇的請託：「台北的普仁基金會給了孩子樂器，給了希望。地母廟幫我們照顧這一顆希望的種子，現在種子紛紛發芽成長。未來，我們需要更多園丁，來幫忙照顧更多幼苗。當台北人來幫我們的子弟時，我們埔里人是否也能站起來幫忙、照顧？可否讓宏仁國中的管樂團，不只是宏仁國中的管樂團，而是埔里的管樂團？」

於是，宏中管樂團後援會成立了。當地仕紳及善心人士也紛紛捐款。一位林進財董事長更是年年捐款，他總是客氣的說：「我一定要多賺點錢，才可以幫助你們。」

我終於可以大聲的說：「我沒把管樂團變成我卸任後新校長的困擾，我也沒因為我離開宏中，而讓管樂團斷炊。」

我年年參加宏中管樂發表會。一到會場，後援會的夥伴就喊我：「同志、同志。」

真好呀！愛的路上有同志相伴；希望的途中有同志互相打氣，多好呀！

淑芬說：「校長，你不知道他為了幫孩子考體育班，每天放學後，用他的破摩托車載孩子去練習游泳，聽說都是他出錢的。」

傍晚時，果真看到孩子坐上他的機車後座。

在夕陽下，像一名父親載著兒子前行。

角力賽解決十大惡人

在九十七年一月十八日那天，普仁捐助管樂器給學校的記者會前，我們安排角力隊的表演以迎賓。其中，「十全十美」的表演讓大家驚呼連連。

屏住呼吸的表演

剛開始，第一個孩子翻滾後趴伏在地，第二個孩子，躍過第一個孩子再翻滾後，趴伏在第一位的身旁，第三位就必須跳過兩人並翻滾，然後再趴伏在第二位旁邊，依此類推，大家看到第七位時，已經快驚叫出來，第八、第九位，更讓大家驚叫連連，到第十位時，全場屏息以待，唯恐一點聲響，會讓孩子跳不過。

第十位孩子很戲劇性的往前看，擺出要衝刺起跑的模樣，似在評估、似在調整呼吸。大家看著他，靜靜等候，不敢大力呼吸，甚至屏息以待。

然後，看到他抬起腳跟，跑了出去，像隻美洲豹般衝出去，「咻──」一聲，在第九位趴伏在地的孩子旁躍起，身體像彈簧般，呈現一個美麗的弧線。

躍過去──、躍過去了──大家恢復了呼吸，成圓形的嘴巴發出「哇──」的讚嘆聲。

十位孩子站起來敬禮時，響起了如雷掌聲。

孩子們很驕傲的再一次敬禮下台，大家的掌聲不絕。一個孩子在下台時，偷偷的對我比了個耶的手勢，連眼神都帶著笑意。

那天結束後，一個角力隊的孩子笑咪咪的湊到我身邊，問我：「阿母，我們表演得好嗎？」

我豎起大拇指，誇讚：「天哪！你們真是太棒了，不但我要掉淚，那些貴賓也都忍不住要感動得飆淚呢！」

說起當天的表演點滴，我仍忍不住驕傲，但也有點擔心：「你們會不會太累？那些表演會不會太危險？」

他調皮的笑著說：「是很危險，如果是由你來表演的話。」

我作勢要敲他，他馬上又一本正經的說：「表演給捐款的貴賓看，一點都不累！下次他們再來，我們還要再表演。」

載回被淘汰的角力墊

當天，普仁基金會的志工心媛說她看孩子表演時，想到自己過去練體育辛苦的歷程，再看孩子們努力翻滾、跳躍的模樣，感動、感慨之餘，一度跑到會場外面拭淚。

我告訴心媛，雖然他們的表演，我已經看過兩三回了，但每次看到他們專注認真的模樣，我仍忍不住要淚盈眶的在心裡大喊：「寶貝，加油！」

宏仁國中的角力隊是學校體育組長侯永盛老師所創立的。他在介聘至宏中擔任老師前，已在北梅國中推展角力運動，並栽培了許多國家級的選手。

來宏中後，第二年，他發現北梅國中要淘汰一批角力墊。他問我可否去載回來，讓他運用，來訓練選手。

「學校有許多孩子有過動的傾向，讓他們來接受角力訓練，可以發洩他們的體力，減少訓導處的困擾。」侯組長說出他的訓練規劃，我要他全力以赴，並表示有機會即幫忙買新墊子。

他笑著說：「有好的器具固然重要，但沒錢也有沒錢的做法。校長，你不用太勉強。」

於是他把舊墊子載回來了，除了固定的角力技巧訓練用墊子外，其餘的體能訓練就運用舊輪胎、單、雙槓，還有從禮堂二樓欄杆垂掛下的繩子，讓孩子往上爬，訓練手臂力量。

我看到他們摔呀滾的，總會心驚膽戰，頻頻要侯組長注意安全。有著溫柔外表的他，笑著說，他會注意的。

像老爹一樣

許多老師都說侯組長不像體育老師。他年輕時應是英俊挺拔的，一口緬甸華僑的腔調，說起話來，沒啥重音，軟嫩軟嫩的，連笑聲都輕輕的。

我常說他的老婆一定很幸福，有這麼溫柔的老公。但溫柔的他，對孩子的訓練卻十分嚴謹，暖身運動、基礎訓練等扎扎實實，毫不馬虎。

嚴厲的他，在訓練完時馬上換一副態度，買營養品讓孩子補充，以增強體力。

孩子都說他像老爹一樣。

我說，像他這麼認真又疼愛學生，願意為學生付出犧牲的老師真難得。

淑娥提到侯組長家有一名自閉兒，照顧這名孩子讓他心力交瘁。他還能撥出時間及體力來照顧學生，更是難得。

我一聽，終於明白了。為什麼他特別提到要幫助過動兒等，原來他是以一種自身傷痛來疼惜孩子、栽培孩子呀！

金牌帶來的自信

記得之前有一名叫小豪的孩子，一入學就讓老師頭痛不已。他與另一名學弟，在小學時曾被形容為十大惡人。他們會整老師、打同學，進入國中後，輔導室協助他們做鑑定，才知道是過動兒，需要長期吃藥。

後來學校設立角力隊，侯組長接手兩名孩子的輔導工作，讓他們加入角力隊，每天翻滾，及做各種體能訓練。他們不但不需要吃藥，也變得有自制力。

一年後，在全中運比賽中竟奪得金牌。

我問他們，一面金牌可以得多少獎金。

小豪得意的告訴我：「十萬元加上原民局頒發的三萬，共計十三萬元。」

我驚呼說：「哇！寶貝，你變成好野人（閩南語有錢人）耶！」

小豪以正經八百的神色，回答我：「校長媽媽，錢不重要，好嗎？重要的是榮譽。」

他在說重要的是榮譽時，加重語氣的模樣，讓我忍不住笑了出來。

他看我笑，也跟著笑出來。

一雙眼睛滴溜滴溜的轉，然後他像發現重大事件的告訴我：「校長媽媽，我告訴你喔！我發現一件事喔！」

他實在很會逗人，講到這裡，他故意停頓一下，看我的表情，發現我真的很認真，而且很好奇想知道的模樣，他才滿意的說下去。

「我們村子沒有一個人讀大學喔。」他很慎重的說出他的發現。

「快了，快了，很快就有一個人要讀大學了。」

我的回應讓他產生好奇，他馬上問：「真的嗎？是誰？校長，你認識嗎？」

我點點頭，並指著他說：「就是你呀！」

他驚喜的問：「我嗎？」

我再點點頭：「是呀，瞧你眼睛骨碌碌的轉，就知道你太聰明了。你很快就會去讀大學了。」

他喜不自勝的點頭，還誇我好厲害，看出他要讀大學，然後他開始說起自己的計畫。或許是角力帶來的榮譽，讓他產生了努力讀書的動力，他竟然也考上了國立高中，老師們高興的恭喜他。

他喜孜孜的跑來我辦公室，卻故意在窗外與我招手，我說：「進來呀！寶貝。」

他用跳的進來，高興的宣布：「我考上第一志願。」

我比了比大拇指：「好樣的！寶貝，真有你的。」他靦腆，卻掩不住喜悅的笑了。

「寶貝，你覺得最該感謝誰呀？」

他眼珠子轉了一圈，很肯定的說：「侯永盛老師。」

最美的一幅畫

那天，我在合作社看到侯組長，把這孩子的回答告訴他。

他靦腆的說，只是做該做的罷了，然後把功勞推到我身上：「是校長你鼓勵他，是你向普仁基金會爭取經費，買營養品給孩子吃、買新墊子，他們才能有好表現。」說完就快速離去。

望著他的背影，淑芬說：「校長，你不知道他為了幫助一些孩子考體育班，每天放學後，用他的破摩托車載孩子去練習游泳，聽說都是他出錢的。」

淑芬一說，不只我感動，連在座的退休老師們都感動得很。

傍晚時，果真看到孩子坐上他的機車後座。

他右腳踩動，把手一轉，摩托車發出「噗—噗—」的聲音，緩緩的啟動出發。

我望向他們的背影。在夕陽下，像一名父親載著兒子前行。

我曾看過多幅美景圖畫或攝影作品，但我發現都沒這一幅美麗，沒這一畫面能讓人由心底深處發出重重的嘆息：好美，好美呀！

光榮的到來，卻是夢魘的開始

「校長，我們的孩子參加角力國手選拔賽，得到第一名，可以代表國家到烏茲別克參加比賽。」得到第一名，不是該高興萬分嗎？怎麼教練的語氣卻怪怪的。

「校長，我們的孩子參加角力國手選拔賽，得到第一名，可以代表國家到烏茲別克參加比賽。」

體育組長侯老師告訴我黃林玉麒這個孩子的好消息，我聽到這消息已忍不住大叫：

「好棒呀！」

他是教練，為這孩子的訓練花的心力最多，得到第一名，不是該為孩子高興萬分嗎？怎麼語氣中卻怪怪的。

他嘆口氣說：「可是旅費要自己出。他家裡沒錢，校長，你要幫忙想辦法呀！」

他這一說，換我「喔——」了好長一聲。

當天心有所感，於是寫了一篇文章，投書到報紙的民意論壇（註）。

老師慷慨解囊

第二天，「聯合報」刊登出來。

老師們在合作社看到報紙，就說：「那怎麼辦？黃林玉麒能得到第一，是多麼不容易呀！說什麼也要送他出去比賽。」

大家問我：「校長，你最有辦法了。你應該有想到辦法了吧？」

我點點頭：「我們大家捐錢，就當作送給黃林玉麒一個畢業的大禮，好吧？」

我一說，淑娥及志南立即說好，其他老師也都說要加入一份，依登記金額，已超過他所需的旅費。

「多出來的怎麼辦？」有人這麼問。

「他的家庭環境不是不怎麼好嗎？可以當作他的教育基金呀！」我一提醒，大家紛紛叫好。我高興的誇同仁有愛心，並要侯組長開始協助處理他出國的事宜。

沒想到十點多時，許多媒體都跑來了，他們想了解孩子出國的問題解決了沒。

我把老師們的決定及捐款大約金額告訴他們。在談話過程中，家長會長彩雲議員也來到學校，她也因為看到報紙，趕緊到學校捐錢，知道老師們已協助處理，免不了又誇學校老師一頓。

記者惡意報導

看似圓滿又溫馨的一件事，師生情最佳的詮釋，卻因一位記者的惡意報導，讓我惹一身腥。

那時新聞媒體正在追某些縣市民意代表，或縣政府首長出國訪視過多，有浪費公帑之嫌的新聞。一位T台的記者，表面上誇我們的老師有愛心，但當天晚上的新聞竟變成藉孩子沒有錢出國比賽的事件，攻擊縣長帶領主管機關頻頻出國，造成浪費。

「縣長有錢頻頻出國，選手卻沒錢出國比賽爭光，讓學校很無奈。」電視台把新聞定調在攻擊上面，於是我被犧牲了。

「校長，以後要特別注意某些媒體記者，太恐怖了。還好，當天我在學校現場看到整個採訪情況，我可以向縣長解釋，並證明你沒說那些話，不然你跳到黃河洗也洗不清了。」

第二天彩雲來學校，說起縣長氣憤莫名，覺得我很「莫名其妙」，為何要攻擊縣府。還好她正在旁邊，就幫我解釋整個過程，並要縣長注意「只有那名記者這麼報導」，可見是故意中傷的，縣長才釋然。

最後還包了一個大紅包，請彩雲轉交給孩子。

「校長，你寫文章要注意題目啦！什麼〈光榮的到來，卻是夢魘的開始〉，難怪你會有接二連三的夢魘。」彩雲笑我題目訂得太差。

我笑著說：「是，是，是，我應該修改題目為〈光榮的到來，感恩的啟程〉。」

「對啦！你這樣就對啦！」

在彩雲爽朗笑聲中，我不禁深深嘆息：來宏中，孩子們帶給我多少的光榮。每一道光榮的背後，都有一個個感人的故事。

我多幸運呀！能來這麼一趟，認識這麼多好人。

〈光榮的到來，感恩的啟程〉是送給孩子，但最適合的是我自己呀！

註：我的學校積極發展各項運動，老師們幾乎都是義務指導，目的就是讓經濟窮困的，或是活潑好動的孩子，能在運動中發展自我，也能藉由比賽獲獎，得到甄選入學的優勢，這原本是一件好事，學生能獲獎，也是讓人興奮的事，但伴隨著獲獎而來的卻往往是一連串困擾的開始。

記得幾年前學校的拔河隊參加教育部主辦的全國競賽，原本我們落入敗部，但孩子知道唯有第一名，才可以代表參加日本的青少年拔河錦標邀請賽，因此從沒出過國的孩子以「迪士尼，我來了」取代「一、二、殺——」的呼喊聲，最後連連過關斬將，敗部復活贏得第一名。獲得第一名後，以為政府有補助，孰料補助微乎其微（教育部補助每位選手八千元，縣政府補助全團三萬元），當時為了一圓孩子的夢想，我四處奔波募款，才湊足旅費，籌錢（愁錢）的過程真的是讓人心焦如焚之外，又要面對他人的質疑：「政府沒有補助嗎？」那更是難堪。

今年拔河隊教練參加全國比賽前，即要求我要準備六十萬元，供他們出國比賽，我說我恐怕沒能力，他丟下一句話給我：「那是你校長的責任。」

我原諒老師的無知、無理（禮），因為我知道他是為了學生而衝動，但六十萬卻成了我的夢魇。前幾天教育部拔河錦標賽結束，主任告訴我：「校長，告訴你一個不知道該高興或該難過的消息，全國四隊參加拔河比賽，我校獲得第三名。」我「喔！」了一聲為孩子難過，主任再補充一句：「你不用籌六十萬元了。」我「耶！」了一聲為自己高興。

誠如我的主任所言，孩子得獎不知該高興或該煩惱，現在角力協會選拔國手到國外參加比賽，又是我的夢魘開始。我不懂角力協會大費周章舉辦選拔賽，無非是希望角力選手能揚眉國際，也能藉此推廣角力運動，那為何不提供選手經費？若是選手因為經費無法參加，那選拔賽又有何意義？再者，若是準備出國經費是校長的責任，那請問有幾位校長肯發展體育活動？肯同意讓孩子參加各項比賽呢？

唉！我視每個學生為自己的孩子，以前他們獲獎都讓我興奮莫名，但現在卻在興奮中帶著嘆息。

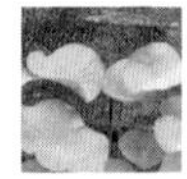

我看到學昌與季篤兩位老師的努力，忍不住說：
「這不應該只有你們倆努力，應該大家一起來的。」
學昌給我他一貫溫煦的笑容，
可那樣的笑容卻彷彿被一個巨大的傷痛壓抑著。

科展一起來，團結力量大

「校長，我們又贏了！」

學昌與季篤興奮地來跟我報告這個消息，我也高興得大叫：「太棒了！」

「準備慶功宴吧！」他們喜孜孜地離去準備。

我望著他們倆的背影，心裡有無限的感慨。

笑容背後的傷痛

我來到宏仁國中前，便聽說他們倆在推展科學活動，無論是科學營，或是協助指導學生做作品，參加科展比賽，都是需要花費很多的時間及力氣的。

他們默默的犧牲下班後的時間，與學生一起記錄、實作、觀察、改進……周而復始地工作著，這樣的努力終於獲致全縣冠軍，參加全國比賽，也獲得佳績。

我來宏仁後，看到他們倆的努力，忍不住說：「這不應該只有你們倆努力，應該大家一起來的。」

學昌不置可否，給我他一貫溫煦的笑容，可那樣的笑容卻讓人感受到壓抑，彷彿被一個巨大傷痛壓抑著。

有一天，他默默地遞給我一張光碟，讓我知道他的傷痕在哪裡。

原來他們得到全國優勝後，一個來自南投的小學校在全國比賽發光，吸引了某電視台關注，想要來做一專題報導，學校同仁聽到都予以肯定，希望透過鏡頭讓宏中的聲望能拉抬起來。

學昌很認真的教導，沒想到記者的鏡頭不只拍他們，也拍了在宏仁館二樓觀看的學生，記者也去採訪他們。

一名學生嘻嘻哈哈地說他在一旁觀看，是因為不夠聰明、成績不夠好之類的話語，這樣聳動的話語，讓整個訪問變了調。

對學校，揮了重重一拳

影片一播出，記者添油加醋的暗指學校只注重菁英，排擠成績差的學生，而且影片畫面呈現的是冬天霧氣籠罩陰陰沉沉的清晨。

一名學生可能沒睡飽、有起床氣，所以斜揹書包，無精打采，低著頭，拖著腳走進校門的情況，藉此，記者報導這所學校把學生犧牲掉了。

影片一拿到手，不只大家傻眼，學昌更是痛苦不堪，即使校方想方設法要阻止播出，電視台還是播出了。這一則報導對處於低迷的學校，揮了重重的一拳。

學昌是報導的犧牲者。他覺得愧疚、憤怒，原本也抱持希望、支持的同事轉而批判、不信任。

他默默地承擔所有的責難，不發一語，沒有退縮，繼續指導他喜歡的科展，並相信，他的指導可以影響學生一輩子。

天吶！這樣承受來自自己及他人的指責，得有多大的意志呀！

平日我見他如一介斯文小生，弱不禁風的模樣，原來他才是個堅強無比的人。

趕出簡報資料

我來宏仁前兩年，科展都奪冠，但第三年卻落敗，屈居第二。校內開始有些聲音，有人覺得科展花太多錢，是否該深思繼續下去的問題，我也看到學昌及季篤有些洩氣。

當時我正在思索辦法時，剛好接到普仁基金會董事劉尚斌先生的電話。

「校長，我看你那麼積極為校爭取經費，除了普仁基金會，我還參加另一個張昭鼎紀念基金會，那是一個推展科學教育的基金會，我介紹你認識執行長吧！」在普仁基金會中，大家稱他「劉爸」的董事劉尚彬先生，因為閒聊中知道我在推科學教育，因此主動介紹我認識另一個基金會。

第二天，我迫不及待的立即打電話給執行長張敏超先生。從電話中的聲音，便可聽出他是一個個性有點急，但卻直率的性情中人。

「快，快，快，我們下星期就要在台北國賓飯店召開董事會。我安排讓你在董事會後報告。」

張執行長快速的說到這裡，大概察覺太急了，因此緩下來問我：「你來得及準備資料嗎？」

「只要有人願意幫我們，三更半夜趕工，也要趕出來。」

我這一說，執行長馬上提醒我：「不要熬夜，對身體不好。你們做校長的要照顧那麼多學生，身體一定要顧好，以後見面，我再告訴你一些養生之道……」

好一個率真可愛的人呀！還沒見到他已不自覺喜歡他了。

讓人放心不下的結語

那一星期與學昌及季篤兩位老師把計畫打印好，我們一起到了大飯店報告。見到了執行長，果真如我想像的是一個擁有赤子之心的人。他安排我們坐在一旁，靜靜等候報告。

我們看到教授、大學校長、企業界董事長陸續進入。這些大人物濟濟一堂，已經夠讓我們瞠目結舌了，沒想到還有院士，最後進入會場的竟是李遠哲先生。

看到李遠哲先生，平日動作及說話都斯斯文文的學昌，竟立即從座椅上彈跳起來。我把他拉坐下來：「不要泛政治。只要是能幫助孩子的都是好人。你千萬不要激動，何況每個人有每個人的立場與看法。世間事，沒到最後，得不出個定論的，就算到最後，給定論的也有個人的主觀意識或評論……」我可能也太緊張，一緊張就說個沒完沒了。

「校長，我很激動，我也很後悔。」學昌說到這裡，嚥一下口水。

我馬上補一句：「既來之，則安之。」

他搖搖頭。白臉書生的他臉都紅了。

「校長，他是我的偶像，我怎麼會忘了帶相機來呀！下午出門時，我就覺得少帶什麼，後來才發覺是忘了帶相機，唉！我怎麼會忘了呢！」

學昌在懊惱。我卻放下了一顆心，原來是我想法太泛政治化。

那天報告完，基金會董事長李遠哲先生只輕輕下了一個結語：「李校長是個好校長。」

我抓著執行長問：「這代表會協助我們嗎？」

執行長笑著說：「李院長不是答覆你了嗎？」

我說：「那句話不著邊際。沒說好，也沒說不好，讓人放心不下。」

「校長，你不用擔心，院長講出那句話就是要我們全力幫忙的意思啦！」執行長一說，我整個安心下來。

全校一起動起來

餐會時，一些教授就走過來與我們致意，願意在金錢外幫助我們，執行長也轉達說有幾位教授都願意到宏中幫忙指導科展。

我心想：真的會來嗎？這些人大概不知道宏仁有多遠吧？真來一次，就會嚇到了吧。沒想到在那次餐會後，果真陸續有好幾所的大學教授來幫忙指導（註）。

我覺得機不可失，利用科展喪失冠軍寶座，讓大家惋惜之際，向大家喊話：「單打獨鬥，難成氣候，團結奮鬥，締造新猷。」數學及自然科老師一定要組一個團，用團隊的力量，才能立於不敗之地，也才能不斷激盪出新的東西出來，更才能表現出我們是一家人的情感。

於是，宏中開始打團體戰。隔年，科展比賽又奪回冠軍寶座，一直到現在，南投縣的科展歷史上，宏仁國中絕對占了最璀璨的一頁。

而且不只科展，任何活動，宏中都全員到齊。

淑芬曾感動的對我說：「校長，我覺得最感動的，不是你爭取經費，增加什麼設備，而是你讓老師動起來，全部的人都動起來，看到大家不分你我的一起工作，才讓人感動。」

那天淑芬的一席話，讓我深刻體悟到：設備會老舊，精神及文化不會凋朽，做一名校長或許不需急急忙忙爭取經費，重要的還是營造學校的人文精神及團隊的意識吧！

「單打獨鬥，難成氣候，團結奮鬥，締造新猷。」我要在宏中開始寫宏仁大家庭的歷史了。

走！慶功宴去了！

註：清華大學分子醫學研究所李寬容教授、物理系戴明鳳教授，台北教育大學自然科學教育系全中平教授，嘉義大學木質材料與設計學系陳周宏教授及彰化師範大學物理系吳仲卿教授等。

哇！直升機來了。
我張開的嘴還沒叫出聲音來，一陣瀰天塵土鋪天蓋地而來。
我陷在泥土塵沙中，變成一個名符其實的泥人。

遭人抗議的「紅」流

我最喜歡夏季午後，來一場傾盆大雨，能迅速把燠熱的氣溫給降了下來外，操場上，揚升一陣白色氤氳水氣，幾隻白鷺鷥會飛到跑道中間的草地上，悠哉悠哉的覓食，更是一幅絕佳的天然美景。

這天，又下起大雨。我正在人事室與人事主任討論一些事情，抬起頭，從窗戶望出去，不禁讚嘆說：「我們操場怎麼這麼漂亮呀！」

標準四百公尺的跑道，中間的草地像軍人三分頭的平整綠地，又像綠色絨毯。有時望向操場，總有一股想躺在其中，看藍天白雲的衝動。這些綠樹及綠地經過雨水沖刷，似乎更亮了，而紅磚土的跑道在綠地及外圍一圈榕樹及黑板木的映襯下，也似乎更紅了。

沒有工廠，沒有商家的干擾，宏中操場的寧靜之美似乎是與生俱來，優雅得讓人要由心底發出一聲長長的嘆息：「多美呀！」

與郭主任便由學校操場的美景，談到宏中歷史的興革變遷，再由宏中的歷史談到埔里的藝術與人文。在悠閒的暑假，啜飲著他泡的一杯老茶，看著外面雨幕下的操場。這樣的午後，實在很適合說古論今。

民眾的抗議

「校長，你出來看，你快點出來看。」總務主任志南戴著一頂大斗笠，一身濕的從外面進來。

我笑他戴了斗笠還一身濕，白戴了。他沒理會我的笑話，急著要我出去看。

從行政樓走出去，在禮堂前面的一片連鎖磚地上，漫流著一片紅色的強大水流。

「這紅色的水流從哪裡來的？」

志南指指操場，「是跑道的那些紅磚土。」

志南提到學校操場跑道沒有排水設備，所以一下雨，紅磚土多多少少會隨著奔竄的水流流失掉。

「我們每年運動會前，需要花個幾萬元，買紅磚土來補，就是這麼來的。」正與志南為該如何清理連鎖磚上的紅土頭痛，文書組長柯組長趕來報告：「民眾抗議我們的紅土水流已流到外面馬路，正流向郵局，怎麼辦？」

是呀！怎麼辦？

記得我剛到宏中時，就為這操場著迷。

我說這是最幸福的學校，有六公頃的土地可以跑、可以跳，尤其是具備四百公尺標準跑道的操場，更是讓人驕傲，「有哪一所學校能有這麼大的校園，這麼大、這麼標準的跑道？」

當時的訓導處張主任就笑著說：「七百多人打掃六公頃，在打掃時，就不覺得幸福了；四百公尺跑道內的草地不出一個月就長長了，要鋤草時，就不覺得驕傲了。」年逾六十的張主任，一身黝黑發亮的肌膚及精壯的身材，據說就是協助工友鋤草的結果。

這一個操場因為美麗、寧靜，所以是埔里居民最喜歡來運動的場所。除此之外，每次仁愛鄉發生山難，需要直升機救援時，因為學校附近就有埔里基督教醫院及榮民醫院，又加上非商業區，交通不打結，方便救護車進入，因此它也是直升機停機的地方。

校長，你不知道要躲嗎？

我永遠忘不了，第一次看到救難直升機降落在我學校操場中的事。

那天，我在油印室與文環姊聊天，一陣轟隆隆的聲音吸引我的注意，我問她怎麼回事。

「是救難直升機，等一下要降落在我們的操場。」

文環姊一說到這裡，我已經飛奔出去，能近身看到直升機，深深吸引著我，所以我快速的跑向操場。

操場中，上體育課的師生往教室跑，與我錯身而過。我心想：老師教得真好，不能在室外上體育課，就馬上趕進教室上課。

我想告訴老師，讓孩子看看直升機也無妨，但他們已快速移動進教室。

操場邊就剩我一人，興奮的等著，等著。

哇！直升機來了。我張開的嘴還沒叫出聲音來，一陣瀰天塵土鋪天蓋地而來，我張不開眼。

我陷在泥土塵沙中，變成一個名符其實的泥人。

從操場撤退回辦公室，同事看到我隱忍著笑。

「校長，你怎麼會這樣？」「校長，你不知道要躲嗎？」……

他們的問話讓我無法回答，因為我覺得我一嘴泥沙。

我終於知道為什麼師生一聽到直升機要降落，拚命跑回教室的原因了。

洗了半天，擦拭了半天，包括我和辦公室用品，都蒙上一層泥土。

文環姊來幫我擦拭地板及桌椅等。「校長，我正要提醒你別靠近，直升機的槳捲起的風沙是很可怕的，我還沒講完，你就跑出去了，你的動作真的好快喔！」文環姊這一番話，讓我尷尬，也讓我苦笑不已。

同事看我的糗狀，紛紛訴苦。

每次直升機到仁愛鄉救難，就是宏中的大災難。直升機落地捲起的紅磚土，漫天覆地的掩蓋了美麗的校園，傷害了大家的健康。

為了減少紅磚土的飛揚，雖然會先動用消防車載水來灑水，但消防車又將我們的連鎖磚道輾壞了。他們救難結束後，為了清理校園，得動用多少人力？到了運動會時，為了補回紅磚土，學校又得花多少錢？紅磚跑道……

「會找機會幫忙」？

總之一句話，「紅磚土跑道真的該換了！」

當時，我豪氣的說：「好，跑道不換，我就不離開宏中。」以為請建築師規劃估算，然後發文請縣府幫忙，就可以整修跑道。我真是太天真了，數百萬，甚至需上千萬元的操場整修，豈是窮縣政府所能負擔？

教育處國教科的長官告訴我，如有機會，會代向中央申請。

我把計畫送到立委服務處，請他們轉交給立委，請求他能幫忙。

懷抱著希望，但等了一段不短的時日，我所得到的回覆，也是「會找機會幫忙」。

「會找機會幫忙」，是多麼富有智慧的話呀！既不直接回絕，傷了人，也不需為答應後做不到來傷了自己。

幾年來，我一再努力，一再的送，總想皇天不負苦心人，但我所得到的答案依然是：「會找機會幫忙」。

「校長，怎麼辦？」志南也問我怎麼辦。

「等雨停了後，帶著孩子們，也請退休老師們來，大家一起來幫忙，除清理家園外，也幫忙掃外面的馬路吧！」志南開始去找人，一邊唸著：「洪流紅流，宏中的紅色水流。」真貼切。

我喊住他：「把操場的改建計畫書準備好給我。」

他錯愕了一下：「校長，他們又會說那句：『會找機會幫忙的』。」

我知道我可能還會聽到，或收到那句話，但我仍要再試。

我相信我會找到機會的，我知道皇天一定不負苦心人。我也知道我不多試一下，是不會找到機會的。

我相信，我相信，我—會—找—到—機—會—的。

我到了立法院，告訴服務人員，我要找林明溱立委。
他問我一句：「你跟他有約嗎？」
這句話，讓我一搖頭，搖掉了信心。

第一次到立法院

「小姐，你要在哪個門下車？」

面對計程車司機問我要在哪裡下車，我壓根兒不知道立法院有多少門。

「隨便。只要能進入，只要你方便停車，就可以。」我不置可否的回答司機先生。

我只剩這辦法了

前一天因為紅流被抗議，當晚家長關懷協會理事長王淑專正好打電話來時，我劈哩啪啦的把自己向縣府、向區域立委請求幫忙的事說了一遍。

「算了，我們這區的立委沒法子幫忙，我就去找林明溱立委幫忙。」

我跟她說，我想要到立法院找林明溱立委陳情。雖然他不是我們那一區的立委，但聽說他是個積極且踏實，不會瞎呼嚨的一個人。

王理事長很熱情、很豪氣的說：「校長，我退休了沒事。我陪你去。」

有理事長的陪伴助陣，隔天一早，我就帶著一份整建操場的計畫書，還有一肚子的氣，出發到立法院。像古時候進京陳情般，我有一股豪壯之氣。

打電話給教務主任，要他幫我請假，「我要親自跑一趟立法院。」我這麼交代。

仁貴很誠懇的說：「校長，你辛苦了，希望這一次能成功。」

我不知道能否成功，但我知道只剩這辦法了。

搭高鐵到台北，但我鮮少到台北，根本不知道立法院在哪裡，以為陪我來的王理事長應該知道，可以搭捷運前往的，但似乎她也不知道，所以只能搭計程車。

司機的問話，已讓我有些挫敗。

莽撞、急躁又羞愧

沒想到，我到了立法院，告訴服務人員，我要找林明溱立委。他問我一句：「你跟他有約嗎？」

這句話，讓我一搖頭，搖掉了信心，也搖掉一些脾氣。我突然為自己的莽撞、急躁而羞愧。

怎麼不先約好再北上？就憑一股氣，不加思索就衝動北上，我是氣昏頭了？或是太沒智慧了？

心裡翻攪著難過與自責，那服務人員大概看出我的難堪，主動幫我連繫立委辦公室。所幸一位蕭姓主任在辦公室，雖然沒法見到立委，但總算還可以把計畫送達。

一聽我從埔里來，並聽完我陳情的事情。蕭主任很詫異，也有點遲疑的問我：「校長，林明溱立委不是你們那一區的立委耶！」

我一股氣又上來：「你們口口聲聲服務人民，服務有限制地點嗎？沒有選票的人，你們就不服務嗎？」

蕭主任趕緊解釋：「立委服務不分地域的，但你貿然來找立委，你們那一區的立委會做何想法？」

我嘆口氣說：「我已經找了幾年了。不是不找呀！」

蕭主任不再說什麼，馬上打電話給林立委，一五一十的說起我陳情的事項，然後很慎重的強調：「這位李校長親自從埔里上來，真的很有心。」

他在說的當下，我羞愧感又再湧上。一位長輩曾說我做事太衝、太急、太莽撞，現在我的莽撞又多添一筆了。

無可救藥的樂觀

蕭主任掛斷電話後，興奮的說：「校長，你太幸運了。剛剛立委正與部長在一起，他馬上向部長報告，部長承諾要幫你的忙。」

蕭主任連連說我幸運。他倒茶給我們喝，就與我們閒話家鄉事。當下我雖高興，但可能聽多了場面話，所以我也質疑這是場面話，因此我並未表現出多高興的表情。

一杯茶的時間後，林立委又打電話來，確定的承諾：「明天下午一點半，要到學校探勘、了解情況。」

這樣的承諾是有行動的。我終於顯露出喜悅的神色，也高興的回南投。

「校長，應該不可能來吧！怎麼可能你今天去，他明天下午就來埔里探勘？他今天還在台北耶！」

志南與我一樣，在希望與失望中擺盪過多次，已不再輕易相信。

「明天就揭曉了！等著看吧！」

我告訴志南，我還是願意選擇相信的，也還是願意懷抱希望的。

「校長，你太樂觀了。」志南笑我。

我聳聳肩膀，沒辦法！我就是無可救藥的樂觀！

不足的補助金，操場做一半嗎？

「校長，補助整建操場的公文下來了。」志南「一臉愁容」地來向我報告這個「大好消息」。

「有夢最美，希望相隨。」這句話真的是說得非常好。

林立委第二天風塵僕僕，一點三十分，分秒不差的到學校來。

我就與同仁得意的說：「你瞧，人生還是應有夢。」

東瞧西瞧、東拍西拍的，林立委馬不停蹄，沒聽簡報、沒喝茶、沒有官方的正式流程，帶著助理，他邊看邊說，助理邊記錄。

繞一圈後，只留下一句話：「這的確該整修。」外加一個承諾：「我會去向部長報告，爭取補助。」

一陣旋風般吹得迅速，也去得迅速。大家雖仍有些不放心，也仍質疑會不會有補助款，但對於他的做事俐落風格，仍讚嘆不已。

打折的補助款

過了兩星期左右，我正為籌辦縣運活動忙碌，接到他的電話來報喜：「教育部要補助你們整建操場了。」

我忍不住在電話中大叫了起來，也頻頻向他致謝。當然，又再向同事們頌揚「有夢最美，希望相隨」這句話。

又隔了幾天，終於收到公文。

「校長，補助整建操場的公文下來了。」

志南「一臉愁容」地來向我報告這個「大好消息」。

「怎麼了？臉色不對喔！」

他把公文拿給我，讓我自己看。

我一看，整個傻眼。

人家是要五毛，給一塊。我們是要一千萬，結果竟打了三點八折，給三百八十萬元。

退回補助款

「不足額的部分怎麼辦？」志南一臉愁容。

我又急又氣。左思右想，好不容易來一筆錢，來的卻是一筆花也不是，不花也不是的一筆錢。

退回去太可惜，不退又無可奈何。不足的款項，已非我能力所及。幾經折騰考慮，最後，我決定將皺著的眉舒展開來，壯士斷腕地說：「退─回─去─。」

一大筆錢退回去，讓教育部、讓林立委，也讓縣府長官錯愕，更讓他們生氣。縣府長官以驚嚇口吻對我說：「你不要，那我們撥給小學校喔！」

我嘆口氣說：「就給需要的人吧！」

但我外加一句：「如果你能給的話！」

林立委也打電話來關切。我告訴他，我們的操場整建之所以需要更多的金額，是因為沒有排水溝，要再開挖、再加溝蓋等，勢必比別人花更多的錢。

再者，我希望這個操場是以好的材質、良好的施工品質，可以用個數十年以上。

「雖然是由縣府發包作業及施工監工，但若品質太差，大家仍會把這筆帳記在我頭上，甚至連您都會招致懷疑。」我把話說得很重，但這些話也讓立委聽進去，並決定再為我們爭取看看能否提高額度。

運動場不只是學校的事

又過了一段時日，立委說教育部將派亞洲大學教授李明榮、中正大學教授林晉榮來探勘。

教授要來探勘的消息很快傳開來。當天教授來到時，看到會議室坐了一群人，嚇了一跳。里長、家長會成員、鎮公所主祕、民意代表，大家很關心的聆聽，並適度的表達，學校需要一個好的操場可以運動，但社區更需要一個不會塵土飛揚，影響呼吸道器官健康及居住品質的環境。

他們真的被宏中晴天的灰塵、雨天的紅流給嚇壞了。

教授們轉達只是代表教育部來探勘，不能決定什麼，但憨厚的鄉下人仍努力的表達一些想法。

我看得出來教授們很感動，他們沒想到一個學校的事，竟然已變成是社區的事，社區的人士都願意跳出來支持。

社區的努力支持，及教授回去的報告，教育部回覆我們可以增加到五百萬，其餘的要自行籌款。

「校長，這已是教育部能給的最高額度了。你不能再退了，去找縣府想想辦法吧！」

林立委說的我都懂，縣府財政困難，我也懂，但我不懂的是，我要如何找到另外一半的錢？

「五百萬！五百萬啦！唉！」這是我每天唉聲嘆氣、呼喊的話語。

困頓中，我快抓破頭了。我唸著阿彌陀佛，希望讓自己安定下來，好好思量如何找到這五百萬。但似乎一籌莫展，直到那天晚上……

求助縣長

那天晚上，學校舉辦新學年開始的親職教育，來了數百名家長。孩子畢業後卸任會長的王彩雲議員，在我耳旁輕輕說：「縣長今天正好在埔里吃晚餐，我請他餐宴完畢，來這邊關心問候家長。你再把握時機說操場的事。」

當我在進行親職演講時，縣長竟然來了。我知道縣長的行程總是很匆忙，因此我不能等會後到辦公室細談，我必須把握時間，於是我不管會不會造成長官的困擾。在演講過程中，我公然在大家面前，訴說宏中操場好不容易爭取到五百萬的過程。

「縣長，可不可以請您幫忙了？」

我一說出這樣的懇求，全場的家長拚命鼓掌。

永遠笑咪咪的縣長站起來回應：「校長這麼認真，我能不幫忙嗎？」

彩雲議員在我耳旁高興的說：「有了，有了，把他拐來就沒錯了。」

我心想，真的有嗎？不會是場面話吧！（我的老毛病又犯了。）

縣長講完，一名擔任記者的家長賴淑楨對縣長說：「縣長，你的承諾我會寫成新聞，明天就會刊登喔！我會追這條新聞喔！」

縣長轉頭看彩雲和我，仍舊笑著說：「啊！被你們拐了。」

第二天，打鐵趁熱，我立即交代發公文，順便附上淑楨報導的剪報。

在公文上，我寫下大大的「發」。我覺得這個字，我寫得特別好看、特別有力。發，發，發。我內心祈願著，希望宏中的未來就是發、發、發呀！

公文發至縣府，長官紛紛表明沒錢，也有人勸我低調一點，全縣的國中小要是都像你一樣要錢，教育處就癱了！

我完全不加回應、不予辯解，當然更不可能收回公文，只是時不時追問一下：「縣長何時會實現諾言？」

最終，縣長以第二預備金實現承諾了。縣府發包作業也終於在十二月三十日，以八百多萬元發包出去了。當我聽到縣府順利發包出去的消息，忍不住又要高喊著：

「人生應有夢呀！」

凡事感恩

操場跑道的包商先生一次與我聊到志南：
「你這個主任很認真喔！根本沒他的事，但他每天都來『巡頭看尾』，還拍照存證。」
這話聽來似乎有頗多意涵。

打從PU跑道公開招標出去後，廠商便開始進駐工作。志南提到監工單位是縣府人員，我們該怎麼辦？可以監工嗎？會不會招致廠商厭惡？

我想到以前買預售屋時，先生常跑到工地看建造情況。我問他煩不煩呀！他說前去關心，一來可以與工人哈拉哈拉，打好關係，他們會較用心建造；二來也是讓他們知道屋主很關心，時時記錄，更不敢鬆懈。

因此我便交代志南，用柔性的關心取代監工的功能。每天與工頭或工人寒暄問暖，有時也送些茶水，與他們搏感情，再者，每天務必用相機記錄工作進程。他們看到有人拿相機拍攝，絕不敢懈怠。

包商先生一次與我聊到志南：「你這個主任很認真喔！根本沒他的事，但他每天都來『巡頭看尾』，還拍照存證。」這話聽來似乎有頗多意涵。

我馬上笑著告訴他：「哎呀！你真的是好眼力。他真的很認真，不過拍照的事，是我交代的。」他聽到馬上眼睛瞪大了。

我繼續說下去：「不是不信任你們，而是這個工程是我們，也是社區所共同期盼的。我要做好紀錄，它將來會是一段很重要的歷史。」

有「故事」的工程

我開始訴說費時五年爭取的過程，還有教授來探勘時，社區居民主動來關心的情形。「你知道嗎？我們的副會長洪明圻在採收茭白筍，沒辦法準時前來。教授要離開前，他開著小卡車趕到，拿著滴著水的兩包茭白筍送教授。他說他無論如何，也要表示一下關心之意。」

我說到這裡停頓一下：「所以你說，我能不用心記錄這段歷史嗎？你們包工程，大概很少包到這麼有故事的工程吧！」

包商先生點點頭：「這麼多人關心，我一定要做好它。不然留下一段壞歷史就不好了。」

「好，衝著您那麼用心，我一定規劃一個讓您難忘的啟用典禮。」

包商先生高興得直說，這一攤工作讓他最有FU。

接近完工的某一天，傍晚時分，我站在行政樓前，看著已平整的操場，之前即習慣來運動的民眾，因為施工所以改道繞校園。

一名民眾經過我身旁時，與我打招呼：「校長呀！這操場實在太漂亮了。」

他對學校操場及整個環境讚不絕口。誇了一陣後，他提醒我：「花這麼多錢，萬一車輛進入，輾壞了，就可惜了。你們的操場連個柵欄都沒有，無法防止車輛進入的。」

他一說，我心頭一驚。想起去年埔里建醮活動，民意代表及地方機關以宏仁國中位置最適宜為由，借用學校操場擺醮壇拜拜。雖然事前答應會注意，但重型車輛的進入，依然造成不小的破壞。

建醮是十年一回，但建醮結束三年後，還要一次祈安三獻，這倒是不可不防。

三天瘦了三公斤

於是，我想到了住在學校操場旁的一位謝照仁先生，一次偶遇，兩人相談甚歡，他成了我的忘年之交。他的社會歷練及個人修為，讓他擁有一般人未有的練達及智慧。每當我憤怒或有煩惱的時候，我總會拜訪他，聽他分析或「開示」，聽完就有茅塞頓開的寧靜與喜悅。

例如，有一次，一位朋友氣憤的提到他受到冤枉的事。

他直說這社會病了，大家不但不會求證，還把傳遞八卦視為稀鬆平常的一件事，完全無視於受到冤枉的人有多大的苦痛。

他問我有沒有這樣的經驗。

我笑說他真健忘，去年我就曾告訴他，我受到極大的冤枉，「因為我感受不到你有多大的憤怒。」他這麼回答我。

其實，我當時也有此遭遇，為此氣憤到三天中瘦了三公斤，其中令人最不能忍受的是那些我不熟或不相往來的人，卻自稱是我的好友四處中傷我。遇到別人詢問，我就要解釋一番，但我感受不到這些人的關懷，他們只是好奇罷了。

我在痛苦之餘，也曾找朋友訴苦，但我又發現別人未必了解外，也沒多大的興趣來了解。解釋、說明半天，只是一次又一次讓自己陷入更痛苦、失望及疑慮中。而我氣憤中傷我的人，因此不給對方好臉色看，但這樣做，不但未曾稍減憤怒，反而更添幾分悲傷。

當時我便與謝先生聊到此事，他哈哈大笑：「你看政論節目，藍的永遠看偏藍的節目，綠的永遠看偏綠的節目，那些名嘴也永遠罵對方給自己的人聽，說了半天，都沒說服對方，依然各看各的台，各唱各的調，所以了解你的，你不必說，不了解的，你說了也沒用，往後遇到他人詢問、批評……就回一句『凡事感恩』吧！」

謝先生教我在任何情況下，都說這一句。

好事者看到對方態度如此謙抑，就無法興風作浪，但重要的是，自己說了這四個字，心境會轉化為祥和。當時我僅是聽聽罷了，並不以為意。

一句不可思議的話

有一回，一個人問我：「你知道×××說你如何如何嗎？」

他說了後等我的反應，我看他的表情很是好奇，似乎等著看我的反應，要繼續爆料。我想到謝先生的交代，因此平靜的說：「沒關係，凡事感恩。」

他發現我似乎沒興趣知道，便識趣的轉移話題。

後來幾經練習，我發現當別人想聽八卦，虛情假意的打聽時，我說「凡事感恩」，可以阻止對方的詢問甚或離間。當獲知他人批評中傷我時，我說「凡事感恩」，可以把不滿與憤怒轉化為惕厲的感恩。

雖然我未必能每一次都抵得住憤怒，但時時默唸後，竟也產生轉移力量，讓自己的脾氣也慢慢改變。

這一句話竟變成了止血的OK繃，也變成了消除憂鬱的藥劑。

多重用途的石頭

因此今天我陷入這樣的困境，我不免又去找他。

他問我的訴求。我說要阻止車輛進入破壞，但不要柵欄那樣不人性、不美的東西。說完，我自己噗哧一笑：「都沒找到錢，還要求這麼高。」

「校長，如果你信任我，這件事，就交給我這個小老頭來辦吧！」他一副胸有成竹的模樣。

我喜出望外的點點頭。

隔天，他帶我去石材公司，各種各樣美不勝收的石頭，擺放在工廠周遭。石材公司董事長親自帶我們參觀及介紹。

我問董事長：「這些石頭價值不菲吧！」

他點點頭。

我狐疑的看向謝先生，不知道他帶我來這裡做什麼。

他笑著說出他的計畫：「用各種不同的石頭放在操場周邊。石頭上面一律磨平，可供民眾運動累了後休息用。石頭上鐫刻名稱，例如花崗石、大理石、砂岩……等，亦可當地球科學的教材。」

「天吶！你怎麼那麼聰明！但是錢呢？我沒錢呀！」我不禁喊了出來。

他摸摸自己光亮的頭，自娛娛人的說：「不然怎會說絕頂聰明？」

我們一聽都笑了出來。他要我放心，錢的事就交給他。

「我捐錢只有一個訴求，不具名，不落款，不落入俗套。」

他說完，我們都無法言語，好一個真正的慈善家呀！

七、八十顆大石頭，分數十次，由大卡車載送過來，費了好大的功夫，終於擺放好了。

學校師生、運動的社區人士，大家議論紛紛：「這麼多石頭，恐怕要上百萬吧？是誰送的？」

「是誰送的？」大家問著。

「怎麼沒有捐款人、名字、落款？」大家奇怪著。

謝先生交代過，不具名，不落款，不喜歡落入俗套。所以我沒說什麼，只是笑著回答：「一個大善人捐的。」

PU跑道完工後，每到傍晚時分，人潮便湧入。有人脫下鞋子，光腳健走，有人小跑步，有人就坐在石頭上聊天、休息。

我喜歡站在操場一隅看著，有時望向對面的謝先生家，會看到他站在操場圍牆邊，遠遠的，但我似乎可以看到他那慈祥的微笑，及聽到他說的話：「凡事感恩。」

凡事感恩，坐在石頭上，吹著風的我，閉上眼睛。想到六年來遭受的一切一切，我嘴角也揚起一抹微笑。

凡事感恩呀！

【後記】Vu Vu，你可以不要走嗎？

編輯希望我寫一段後記。我知道從第一天忐忑的到宏仁國中寫起，經過六年的經營，最後總要寫到離開宏中的那一天，才算完整，但我一直害怕回想那一年離開的場景……

毫無預警的，我接到調離宏仁國中的命令。

接到通知的十天前，才歡天喜地的慶祝PU跑道完工。我邀請社區人士、退休教師、家長以及地方民意代表等，一起攜手走上新跑道。藍天綠地映襯著紅色的跑道，真的是美極了。

但沒想到十天後，我便接到淑珍督學通知，我被調回中興國中，她通知我時已是縣府發送完新聞稿後了。

沒有徵詢、沒有跡象，這突如其來的通知，讓大家措手不及。那一個暑假，我已與宏中的同事，接受上海某所學校的邀約，準備八月四日前去參觀並洽談是否締結姊妹校事宜。那一年，我們正規劃宏中要走國際教育的方向，那一年，我與淑珍督學說好一編班完畢即出國，那一年……

宏中大家庭的老師、孩子、家長不能接受我要離去的事實，明知再三抗議，都無法讓縣府收回已發布的命令，但家長為我被調走的事，仍一波又一波的抗議，當時幾乎每天都有畢業的孩子，聽到消息回來看我，我總忍不住在他們一聲聲：「校長媽媽，你可以不要走嗎？」「Vu Vu（原住民語媽媽的意思），為什麼你一定要走？」中落淚。

三天裡，我急遽消瘦三公斤。

一天，科長打電話問我知道家長要到縣府丟雞蛋的事嗎？我回說不知道，他要我先處理，不要弄得很難看。

我忍不住回他：「又不是我要調走的。你們把我調走，卻要我自己處理、善後。」

那一天，縣長祕書要我了解縣長調我回中興的好意。我說了氣話：「我又不想要離開宏中。」

在縣長接待貴賓的辦公室，家長個個氣呼呼的陳述：宏中好不容易有成績，並爬到山腰了，把李校長調走，讓宏中怎麼辦……

我看長官不說話，只好起來打圓場：「縣長是個好人，他看到我一個女孩子每天開車一百多公里的來回，早出晚歸的，所以他好意想到了我，要讓我離家近一點，我們真的不該怪他的。我是公務人員，遵守上級的調動本是天職。我很謝謝大家愛護我，與我一起打拚，才締造了宏中的今天，記得嗎？六年前，我初派到宏中，你們心裡很不舒服，心想宏中好歹也是個大學校，怎麼派一個初任校長？六年前的質疑，六年後的不捨，現在是否可以不要再重演質疑的戲碼，能接納、信任新來的校長？我確信以宏中現在的完備體制，及家長的熱情支持，任何校長都能把宏中帶得有聲有色的。」

說完後，家長會長尤東河說了話：「縣長，你很聰明。你不說話，叫我們校長說話。我們能講什麼，只能含淚接受了。」

於是，我離開了宏中，離開了我一手打造的大家庭，離開了我的家人、我的寶貝。後來路人甲、路人乙開始八卦，胡說我請託多人，才調回中興，又胡說我高調運作家長抗議的戲碼，說我欺騙宏中家長的情感……這些我不認識的、沒深交的人，編派非事實的八卦，我不想理會他們，因為我知道他們永遠說不了的是：我在宏中努力的歷程；說不了的是，我們大家庭成員走過泥淖後的情感；說不了的是，一個校長媽媽、一個Vu Vu守護孩子的愛與關懷。

「早安，校長媽媽。」

「早安，阿母。」

「早安，Vu Vu。」

離開了我的宏中大家庭，聽不到每天一早宏中寶貝的親切問候，但到中興國中，我仍是校長媽媽。我仍然把學校經營得像家庭，每天早上，也依然在「校長媽媽，早」的問候聲中，展開快樂的一天。

「早安，校長媽媽。」

「早安，我的寶貝。」

宏中的貴人，曾經幫助過宏仁國中的人士

（依姓名筆劃順序排列）

文心園園藝行
尤東河董事長（淞美股份有限公司）
王淑専（財團法人南投縣家長關懷教育協會理事長）
王彩雲（南投縣議員）
王美美女士
白滄沂先生（天雕博物館館長）
台一種苗場
冉光智先生
田鄢鳳女士
古燕鶯女士
全中平（台北教育大學教授）
宇玲君女士
邱正己先生
李朝卿（南投縣縣長）

李萬皓先生
李寬容（清華大學教授）
李遠哲（張昭鼎紀念基金會榮譽董事長）暨所有董事
李瓊香女士
李正國（布朗斯烘焙坊）
李枝成（國小退休校長）
李英秀（台灣藝術大學教授）
呂連枝（前財團法人普仁青年關懷基金會執行長）
呂秀梅（南投律師公會理事長）
呂智媛女士
邱美惠女士
吳仲卿（彰化師範教育大學教授）
吳國昌（南投縣議員）
吳清源先生
何勝豐（南投縣議會議長）
宋懷琳（南投縣議員）
卓丹桂女士
周玉珠女士
林宗男（前南投縣縣長）

林忠毅（彰化師範教育大學教授）
林美安女士（前新苗出版社編輯）
林明溱（立法委員）
林群雄先生
林賴足文教基金會
林進財（漸隆企業董事長）
林秋堂（寶湖宮基金會地母廟董事長）暨全體委員
林碧雲（國小退休校長）
林文彥先生
長春園藝行
范淑枝（小綿羊工作室負責人）
周碧珍女士
周義雄（南投縣埔里鎮鎮長）
柯宏宗（元宏建築師事務所負責人）
洪明圻先生
洪連輝（彰化師範教育大學教授）
馬文君（南投縣立委）
許阿甘（南投縣議員）
陳綢阿嬤（良顯堂社會福利基金會）

吳明賢（良顯堂社會福利基金會董事長）
徐美圓女士
徐瑞美女士
徐瑞華女士
陳文彥（前南投縣教育局長）
陳健鏘（前中興高中校長）
陳水金先生（建築師）
陳仰予（管樂團指導教師）
陳正昇（前南投縣縣政府祕書長）
陳周宏（嘉義大學教授）
陳宜君（愛家素食餐廳負責人）
陳金昌（埔里分局主任）
陳洋政先生
陳美珠女士
國泰人壽公司
許銘仁（前財團法人普仁青年關懷基金會董事長）暨全體董事
麥秀英（台灣師範大學教授）
張南詠先生（前中國時報記者）
張敏超博士（張昭鼎紀念基金會執行長）

張乃豪先生
強惠玲女士
張蕙雅女士
張惠博（彰化師範教育大學教授）
梁崇惠（彰化師範教育大學教授）
程惠君女士
梅鳳珠女士
郭誌賢先生
游志貴先生
曾祈舜（豐鎰股份有限公司董事長）
黃清仕先生
黃蘭雅女士
馮瑜小姐
蔡心媛（社工師）
劉仲成（教育部學生事務及特殊教育司司長）
劉尚斌（財團法人普仁青年關懷基金會董事）
劉明綺女士
劉美華小姐
劉超雄先生

劉憲仁（南投縣攝影學會主任）
劉麗嬪女士
廖志城（南投縣議員）
廖俊臣（張昭鼎紀念基金會董事長）
蔡思南先生
謝秀津女士
謝照仁（企立實業股份有限公司董事長）
鄭憲欣先生
賴淑芬及賴媽媽
賴淑楨（今日新聞特派）
蕭貴昇先生
賴靜英女士
賴燕雪（南投縣議員）
戴列宏先生
戴明鳳（清華大學教授）
簡鈺凰（國小退休校長）
簡滄盛（振宇藝術蠟燭負責人）
鐘碧津女士
……

阿桃
校長:
時間就像是一座綿亙無盡的長城,
新樓起,舊城臥,
謝謝你 祝福你
靖峰

感動李校長的每一刻付出，
來自宏中師生……

李枝桃媽咪
宏仁
校長媽媽
我們永遠
我們永遠
您
學生 敬上

GiLiGowLA
Thank
You.
How can I express my feelings of
many thanks to you.
From:
38th
Open my wish!
校長
校長

國家圖書館預行編目資料

師道／李枝桃著. --初版. --臺北市：寶瓶文化
2014.02
面； 公分. --（catcher；62）
ISBN 978-986-5896-62-1（平裝）

1.青少年教育
528.47　　103002349

catcher 062

師道

作者／李枝桃 校長
副總編輯／張純玲

發行人／張寶琴
社長兼總編輯／朱亞君
資深編輯／丁慧瑋　編輯／林婕伃
美術主編／林慧雯
校對／張純玲・陳佩伶・吳美滿・李枝桃
營銷部主任／林歆婕　業務專員／林裕翔　企劃專員／李祉萱
財務主任／歐素琪
出版者／寶瓶文化事業股份有限公司
地址／台北市110信義區基隆路一段180號8樓
電話／(02)27494988　傳真／(02)27495072
郵政劃撥／19446403　寶瓶文化事業股份有限公司
印刷廠／世和印製企業有限公司
總經銷／大和書報圖書股份有限公司　電話／(02)89902588
地址／新北市五股工業區五工五路2號　傳真／(02)22997900
E-mail／aquarius@udngroup.com

法律顧問／理律法律事務所陳長文律師、蔣大中律師
如有破損或裝訂錯誤，請寄回本公司更換
著作完成日期／二〇一三年十月
初版一刷日期／二〇一四年二月二十七日
初版六刷+日期／二〇一九年十月二十八日
ISBN／978-986-5896-62-1
定價／三〇〇元

AQUARIUS 寶瓶文化事業

愛書人卡

感謝您熱心的為我們填寫，
對您的意見，我們會認真的加以參考，
希望寶瓶文化推出的每一本書，都能得到您的肯定與永遠的支持。

系列：catcher 062　**書名：師道**

1. 姓名：＿＿＿＿＿＿＿＿　性別：□男　□女
2. 生日：＿＿＿年＿＿＿月＿＿＿日
3. 教育程度：□大學以上　□大學　□專科　□高中、高職　□高中職以下
4. 職業：＿＿＿＿＿＿＿＿
5. 聯絡地址：＿＿＿＿＿＿＿＿＿＿＿＿＿＿＿＿＿＿＿＿＿＿＿＿

   聯絡電話：＿＿＿＿＿＿＿＿　手機：＿＿＿＿＿＿＿＿
6. E-mail信箱：＿＿＿＿＿＿＿＿＿＿＿＿＿＿＿＿＿＿

   □同意　□不同意　免費獲得寶瓶文化叢書訊息
7. 購買日期：＿＿＿年＿＿＿月＿＿＿日
8. 您得知本書的管道：□報紙／雜誌　□電視／電台　□親友介紹　□逛書店　□網路

   □傳單／海報　□廣告　□其他
9. 您在哪裡買到本書：□書店，店名＿＿＿＿＿＿　□劃撥　□現場活動　□贈書

   □網路購書，網站名稱：＿＿＿＿＿＿＿　□其他＿＿＿＿＿＿
10. 對本書的建議：（請填代號　1. 滿意　2. 尚可　3. 再改進，請提供意見）

    內容：＿＿＿＿＿＿＿＿＿＿＿＿＿

    封面：＿＿＿＿＿＿＿＿＿＿＿＿＿

    編排：＿＿＿＿＿＿＿＿＿＿＿＿＿

    其他：＿＿＿＿＿＿＿＿＿＿＿＿＿

    綜合意見：＿＿＿＿＿＿＿＿＿＿＿＿＿＿＿＿＿＿＿＿＿＿＿＿＿＿＿＿
11. 希望我們未來出版哪一類的書籍：＿＿＿＿＿＿＿＿＿＿＿＿＿＿＿＿＿＿

讓文字與書寫的聲音大鳴大放

寶瓶文化事業股份有限公司

（請沿此虛線剪下）

廣　告　回　函
北區郵政管理局登記
證北台字15345號
免貼郵票

寶瓶文化事業股份有限公司　收

110台北市信義區基隆路一段180號8樓

8F,180 KEELUNG RD.,SEC.1,

TAIPEI.(110)TAIWAN R.O.C.

（請沿虛線對折後寄回，或傳真至02-27495072。謝謝）